A ORIGEM DOS OUTROS

TONI MORRISON

A origem dos outros

Seis ensaios sobre racismo e literatura

Tradução Fernanda Abreu

Prefácio Ta-Nehisi Coates

2ª reimpressão

PRÊMIO NOBEL
COMPANHIA DAS LETRAS

Copyright © 2017 by Toni Morrison
Copyright do prefácio © 2017 by Ta-Nehisi Coates

*Grafia atualizada segundo o Acordo Ortográfico da Língua Portuguesa de 1990,
que entrou em vigor no Brasil em 2009.*

Título original
The Origin of Others

Capa
Alceu Chiesorin Nunes

Imagem de capa
Kara Walker, *The Gross Clinician Presents: Pater Gravidam* (detalhe), 2018,
grafite, tinta sumi, pigmento gofun e guache sobre papel, 38 desenhos de dimensões
variadas. Coleção Kunstmuseum Basel [Museu de Arte de Basileia], Suíça

Preparação
Ana Martini

Revisão
Valquíria Della Pozza
Camila Saraiva

Dados Internacionais de Catalogação na Publicação (CIP)
(Câmara Brasileira do Livro, SP, Brasil)

Morrison, Toni
   A origem dos outros : Seis ensaios sobre racismo e literatura / Toni
Morrison ; tradução Fernanda Abreu ; prefácio Ta-Nehisi Coates. —
1ª ed. — São Paulo : Companhia das Letras, 2019.

   Título original: The Origin of Others.
   ISBN 978-85-359-3285-0

   1. Negros — Identidade racial 2. Mulheres e literatura — Esta-
dos Unidos — História — Século 20 3. Povos multirraciais — Estados
Unidos 4. Raças — Estados Unidos 5. Racismo — Estados Unidos
I. Coates, Ta-Nehisi. II. Título.

19-29620   CDD-305.420973

Índice para catálogo sistemático:
1 . Raças : Racismo : Estados Unidos : Relações sociais
   305.420973

Maria Alice Ferreira — Bibliotecária — CRB-8/7964

Todos os direitos desta edição reservados à
EDITORA SCHWARCZ S.A.
Rua Bandeira Paulista, 702, cj. 32
04532-002 — São Paulo — SP
Telefone: (11) 3707-3500
www.companhiadasletras.com.br
www.blogdacompanhia.com.br
facebook.com/companhiadasletras
instagram.com/companhiadasletras
twitter.com/cialetras

Sumário

Prefácio — Ta-Nehisi Coates, 7

1. Romantizando a escravidão, 21
2. Ser ou tornar-se o estrangeiro, 41
3. O fetiche da cor, 66
4. Configurações de negritude, 82
5. Narrar o outro, 105
6. O lar do estrangeiro, 122

Agradecimentos, 145
Sobre a autora, 147

Prefácio

Ta-Nehisi Coates

Na primavera de 2016, Toni Morrison deu uma série de palestras na Universidade Harvard sobre "a literatura do pertencimento". Levando em conta a natureza de seu notável catálogo, não é nenhuma surpresa que ela tenha voltado seu interesse para o tema racial. As palestras de Morrison chegaram num momento auspicioso. Barack Obama iniciava o último ano de seu segundo mandato. Seus índices de aprovação estavam em alta. O insurgente movimento Black Lives Matter [Vidas Negras Importam] alçara a brutalidade policial ao primeiro plano dos debates nacionais, e, ao contrário da maioria das "conversas sobre raça", essa gerava resultados. Os dois ministros da Justiça negros de Obama, Eric Holder e Loretta Lynch, haviam aberto investigações sobre corporações policiais país afora. Relatórios provenientes de Ferguson, Chicago e Baltimore apresentaram provas do tipo de racismo sistêmico que por muito tempo esteve restrito sobretudo à anedota. Imaginava-se que essa abordagem agressiva continuaria sob o governo da primeira presidente mulher do país, Hillary Clinton, que, na época em que Morrison deu início às suas palestras, gozava de larga vantagem em relação a um homem que o mundo considerava não ter chance na política. Tudo isso apontava para um país decidido a desafiar os preceitos da história e finalmente se aproximar da extremidade mais justa no longo arco do universo moral.

E então o arco ficou ainda mais longo.

A primeira reação à vitória de Donald

Trump foi minimizar o que ela dizia a respeito do racismo norte-americano. Surgiu uma indústria de fundo de quintal afirmando que a eleição de 2016 fora um levante populista contra Wall Street fomentado pelos excluídos da nova economia. Dizia-se que Clinton tinha sido condenada por seu foco na "política identitária". Esses argumentos muitas vezes traziam consigo as sementes de sua própria anulação. Ninguém jamais explicou por que aqueles que mais vezes foram deixados para trás por essa nova economia, os trabalhadores negros e latinos, nunca chegaram a integrar a coalizão de Trump. Além do mais, alguns dos próprios críticos da "política identitária" de Clinton não tiveram problema algum em usá-la. O senador Bernie Sanders, principal adversário de Clinton, pôde ser ouvido numa semana exaltando suas raízes na classe branca trabalhadora, e na outra instando os democratas a "superarem" a política identitária. Pelo visto, nem toda política identitária tem o mesmo peso.

A origem dos outros, o novo livro de Morrison decorrente da série de palestras ministradas por ela em Harvard, não trata diretamente da ascensão de Donald Trump. No entanto, é impossível ler suas ideias a respeito do pertencimento, de quem se encaixa e de quem não se encaixa sob o guarda-chuva da sociedade, sem pensar no atual momento em que vivemos. *Origem* conduz sua investigação no campo da história dos Estados Unidos, endereçando assim a mais antiga e mais potente forma de política identitária na história do país: a política identitária do racismo. Esta é uma obra sobre a criação de "outros" e a construção de muros, uma obra que lança mão da crítica literária, da história e das recordações pessoais numa tentativa de compreender como e por que acabamos associando esses muros à cor da pele.

O livro de Morrison se insere num conjunto de obras, desenvolvido ao longo do último século, que defenderam de modo eficaz a natureza indelével do racismo branco. Entre os autores que a acompanham estão Sven Beckert e Edward Baptist, que revelaram a natureza violenta desse racismo e os lucros advindos dele; James McPherson e Eric Foner, que mostraram como o racismo deu origem à Guerra Civil norte-americana e em seguida minou os esforços de reconstrução do país; Beryl Satter e Ira Katznelson, que explicaram como o racismo corrompeu o New Deal; e Kahlil Gibran Muhammad e Bruce Western, que mostraram como, na nossa época, o racismo preparou o terreno para a era da encarceração em massa.

Mas o primo mais próximo do trabalho de Morrison talvez seja *Racecraft*, livro de Barbara Fields e Karen Fields, que defende a ideia de que os norte-americanos buscaram erradicar o crime do racismo, que é ativo, com o conceito de raça, que não o é. Quando dizemos "raça" em oposição a "racismo", nós materializamos a ideia de que raça é de alguma forma um elemento do mundo natural, e o racismo seu resultado previsível. Apesar de toda a literatura acadêmica demonstrar que essa formulação está no sentido contrário, que o racismo precede a raça, os norte-americanos ainda não entenderam direito. Assim, é comum falarmos em "segregação racial", "abismo racial", "divisão racial", "filtragem racial" ou "diversidade racial", como se cada um desses conceitos estivesse fundamentado em algo que não foi criado por nós mesmos. O impacto disso não é insignificante. Se "raça" é obra da genética ou dos deuses, ou de ambos, então podemos perdoar a nós mesmos por nunca termos solucionado o problema.

A investigação de Morrison parte do lugar menos confortável que afirma que a raça só está tangencialmente relacionada à genética. A partir daí, ela nos ajuda a entender como um conceito que parece tão frágil pode ter uma influência tão forte sobre milhões de pessoas. O conceito-chave, defende ela, é a necessidade de confirmar a própria humanidade ao cometer atos desumanos. Ela examina os relatos do fazendeiro Thomas Thistlewood, que registra em seu diário o estupro sistemático de mulheres escravizadas com a mesma desenvoltura com que descreve a tosa de ovelhas. "Entremeadas a suas atividades sexuais aparecem anotações sobre cultivo, tarefas, visitantes, doenças, e assim por diante", conta-nos Morrison de modo arrepiante. Que tipo de trabalho psicológico Thistlewood precisou fazer para se tornar tão insensível ao estupro? O trabalho psicológico da outremização, de convencer-se da existência de alguma forma de distinção natural e divina entre escravizador e escravizado.

Depois de analisar as violentas surras que a escravizada Mary Prince leva de sua senhora, Morrison diz:

> A necessidade de transformar o escravizado numa espécie estrangeira parece ser uma tentativa desesperada de confirmar a si mesmo como normal. A urgência em distinguir entre quem pertence à raça humana e quem decididamente não é humano é tão potente que o foco se desloca e mira não o objeto da degradação, mas seu criador. Mesmo supondo que os escravizados exagerassem, a sensibilidade dos senhores é medieval. É como se eles gritassem: "Eu não sou um animal! Eu não sou um animal! Eu torturo os indefesos para provar que não sou fraco". O risco de sentir empatia pelo estrangeiro é a possibilidade de se tornar estrangeiro. Perder o próprio status racializado é perder a própria diferença, valorizada e idealizada.

Embora Morrison esteja se referindo a escravizadores e escravizados, sua argumentação sobre status continua válida hoje. Os últimos anos testemunharam um desfile constante de vídeos nos quais policiais norte-americanos aparecem espancando, dando choques, enforcando e atirando em pessoas negras por infrações relativamente brandas ou inexistentes. Os afro-americanos, assim como muitos outros cidadãos dos Estados Unidos, ficaram horrorizados. E ainda assim a linguagem da justificação se revelou familiar. Quando o policial Darren Wilson matou Michael Brown, ele declarou que Brown parecia estar "se preparando para correr dos disparos", ato que transformava Brown em algo além de humano, mas no fim das contas em algo aquém de humano. O aspecto sub-humano de sua morte foi reforçado pela decisão de deixar seu cadáver cozinhando no concreto em pleno verão. Transformar Brown numa espécie de monstro justifica seu assassinato e permite a uma força policial que, segundo um relatório do Ministério da Justiça, mal passava de um bando de gângsteres, considerar-se legítima, considerar-se perfeitamente humana.

A desumanização racista não é apenas simbólica; ela delimita as fronteiras do poder. "A raça é uma ideia, não um fato", escreve a historiadora Nell Painter. Nos Estados Unidos, parte da ideia de raça é que o fato de ser branco acarreta automaticamente uma chance menor de morrer como Michael Brown, ou Walter Scott ou Eric Garner. E a morte é apenas o exemplo superlativo do que significa viver como um "Outro", existir além da fronteira de um grande "pertencimento". O tipo de "angústia econômica" que supostamente jogou os eleitores nos braços de Donald Trump representaria uma melhora de vida significativa para a maioria das pessoas negras. Nas primárias republicanas, a renda média familiar de um eleitor de Trump era aproximadamente o dobro da renda média de uma família negra norte-americana padrão. A atual onda de empatia diante de uma epidemia de opioides majoritariamente (porém não exclusivamente) branca é bem diferente da onda de condenação surgida durante a crise do crack na década de 1980. A atual onda de preocupação ante o aumento dos índices de mortalidade entre um tipo específico de homem branco é bem diferente da apatia resignada em relação aos altos índices de mortalidade que sempre assombraram a vida negra neste país.

O racismo faz diferença. Ser um Outro neste país faz diferença, e a verdade desanimadora é que provavelmente continuará a fazer. É raro que comunidades humanas abram mão de privilégios por simples altruísmo, e portanto o único mundo em que se pode imaginar os apoiadores da branquitude renunciando à sua religião é um mundo em que seus privilégios se transformem num luxo ao qual eles não se podem dar. Já vimos momentos como esse na história dos Estados Unidos. Uma guerra civil prolongada levou os brancos a concluírem que os negros eram bons o suficiente para morrer lutando por eles. Uma guerra fria com a União Soviética transformou o sul de Jim Crow num constrangimento global e numa propaganda fácil para os inimigos do país. E a política de George W. Bush, o atoleiro de uma guerra em duas frentes, uma economia em queda livre e o fracasso monumental do governo federal após o furacão Katrina prepararam o terreno para o primeiro presidente negro do país. Uma onda de esperança sucedeu a cada um desses casos, uma sensação de que o país tinha dado um jeito de derrotar a história. E em cada um desses casos essa esperança acabou frustrada.

Para entender por que estamos neste mesmo lugar outra vez, temos a sorte de ter Toni Morrison, uma das melhores autoras e pensadoras que este país já produziu. Enraizada na história, sua obra produz beleza a partir de algumas das manifestações mais grotescas. Mas essa beleza não é uma fantasia, portanto não deveria ser nenhuma surpresa que Morrison esteja entre aqueles que compreendem o poder da história sobre todos nós. *A origem dos outros* explica essa compreensão e, ainda que não demonstre uma saída imediata dos grilhões do passado, o livro é uma ajuda bem-vinda para refletir sobre como surgiram tais amarras.

1. Romantizando a escravidão

Nós ainda brincávamos no chão, minha irmã e eu, de modo que deve ter sido em 1932 ou 1933 que soubemos da sua vinda. Millicent MacTeer, nossa bisavó. Uma lenda muitas vezes citada, ela havia planejado visitar todas as casas de parentes do bairro. Morava no Michigan, onde era uma parteira requisitada. Sua visita a Ohio era esperada havia muito, pois era considerada a sábia, inquestionável e majestosa chefe da nossa família. A majestade ficou patente quando algo que eu jamais havia presenciado antes aconteceu assim que ela adentrou um recinto: sem serem solicitados, todos os homens ficaram de pé.

Finalmente, após uma bateria de visitas a outros parentes, ela surgiu em nossa sala de estar, alta, com as costas eretas, apoiada numa bengala da qual claramente não precisava, e cumprimentou minha mãe. Então olhou para minha irmã e para mim, que brincávamos ou estávamos simplesmente sentadas no chão, franziu o cenho, apontou a bengala para nós e falou: "Essas crianças foram adulteradas". Minha mãe protestou (com ênfase), mas o estrago estava feito. Minha bisavó tinha a pele negra bem escura, e minha mãe sabia exatamente o que ela quisera dizer: nós, suas filhas, e portanto nossos parentes diretos, éramos maculadas, não éramos puras.

Aprender assim tão cedo (ou ser ensinada quando ainda era incapaz de compreender) os ingredientes de uma inferioridade proveniente do fato de ser Outro não me marcou na época, talvez pelo fato de eu possuir uma arrogância fora do normal e uma admiração avassaladora por mim mesma. "Adulterada" de início me soou exótico, como se fosse algo desejável. Quando minha mãe contestou a própria avó, ficou claro que "adulterada" significava menor, se não completamente Outra.

Descrições de diferenças culturais, raciais e físicas que denotam "Outremização" mas permanecem imunes às categorias de valor ou status são difíceis de encontrar. Muitas, se não a maioria, das descrições textuais/literárias de raça oscilam entre dissimuladas, nuançadas e pseudocientificamente "provadas". E todas elas possuem justificativas e pretensões de certeza destinadas a sustentar a dominação. Sabemos quais são as estratégias de sobrevivência na natureza: distração/ sacrifício para proteger o ninho; caça em bando/busca improvisada por comida.

Porém, a tendência dos humanos de separar aqueles que não pertencem ao nosso clã e julgá-los como inimigos, como vulneráveis e deficientes que necessitam ser controlados, tem uma longa história que não se limita ao mundo animal nem ao homem pré-histórico. A raça tem sido um parâmetro de diferenciação constante, assim como a riqueza, a classe e o gênero, todos relacionados ao poder e à necessidade de controle.

Basta ler a eugenia do médico e senhor de escravos do sul dos Estados Unidos Samuel Cartwright para entender até onde a ciência, quando não a política, é capaz de ir para documentar a necessidade de controlar o Outro.

"Segundo leis fisiológicas inalteráveis", ele escreve em seu "Report on the Diseases and Physical Peculiarities of the Negro Race" [Relatório sobre as doenças e peculiaridades físicas da raça negra] (1851), "os negros, via de regra, salvo raras exceções, só podem ter suas faculdades intelectuais despertadas o suficiente para receberem cultura moral e para se beneficiarem da instrução religiosa ou de outra natureza quando submetidos à autoridade obrigatória do homem branco... Por sua indolência natural, exceto quando submetidos ao estímulo da obrigação, eles passam a vida dormitando uma vez que sua capacidade pulmonar para o ar atmosférico foi expandida somente até a metade por falta de exercício [...] O sangue negro que irriga o cérebro acorrenta a mente à ignorância, à superstição e à barbárie, e fecha a porta para a civilização, a cultura moral e a verdade religiosa." O dr. Cartwright identificou duas enfermidades, uma das quais qualificou de "drapetomania, ou a doença que faz os escravos fugirem". A outra enfermidade foi por ele diagnosticada como "*dysaesthesia aethiopica*", espécie de letargia mental que levava o negro "a ser como uma pessoa meio adormecida" (o que os senhores de escravos chamavam mais comumente de "pilantragem"). Se esses escravizados constituíam tamanho fardo e ameaça, é de se perguntar por que motivo eram comprados e vendidos com tanto afã. Finalmente ficamos sabendo que vantagem eles têm: "o exercício forçado, tão benéfico para o negro, é realizado na lavoura [...] do algodão, da cana, do arroz e do tabaco que, não fosse essa mão de obra [...], ficaria inculto, e seus produtos perdidos para o mundo. Ambos os lados se beneficiam, tanto o negro quanto o seu senhor".

Essas observações não eram opiniões casuais. Foram publicadas no periódico *New Orleans Medical and Surgical Journal* [Cadernos de medicina e cirurgia de New Orleans]. Em resumo: negros são úteis, não tanto quanto gado, mas tampouco reconhecidamente humanos.

Diatribes semelhantes foram proferidas por praticamente todos os grupos do mundo, com ou sem poder, para impor suas crenças por meio da construção de um Outro.

Um dos objetivos do racismo científico é identificar um forasteiro de modo a definir a si mesmo. Outra possibilidade é a manutenção (ou mesmo o gozo) da própria diferença sem desprezo pela diferença categorizada do Outremizado. A literatura é especialmente e evidentemente reveladora ao expor/refletir sobre a definição de si, quer condene ou apoie o modo pelo qual ela é adquirida.

Como uma pessoa se torna racista, ou sexista? Já que ninguém nasce racista, e tampouco existe qualquer predisposição fetal ao sexismo, aprende-se a Outremização não por meio do discurso ou da instrução, mas pelo exemplo.

Devia ser universalmente claro, tanto para quem vendia quanto para quem era vendido, que a escravidão era uma condição desumana, apesar de lucrativa. Os vendedores certamente não queriam ser escravizados; os comprados muitas vezes cometiam suicídio para evitar o cativeiro. Sendo assim, como funcionava a escravidão? Uma das maneiras de que as nações dispunham para tornar palatável o caráter degradante da escravidão era a força bruta; outra era a romantização.

Em 1750, um jovem inglês de classe abastada, um segundo filho que provavelmente não poderia receber herança devido às leis da primogenitura, partiu para fazer fortuna primeiro como capataz, em seguida como senhor de escravos em sua própria fazenda de cana-de-açúcar na Jamaica. Seu nome era Thomas Thistlewood, e sua vida, seus feitos e pensamentos foram cuidadosamente pesquisados e registrados por Douglas Hall para integrar uma coletânea de textos acadêmicos, a *Série de Estudos Caribenhos da Universidade de Warwick*, publicada pela editora Macmillan e posteriormente republicada pela editora da Universidade das Índias Ocidentais. Além dos comentários de Douglas Hall, esse volume específico contém trechos dos documentos de Thistlewood, e foi publicado em 1987 sob o título *In Miserable Slavery* [Na triste escravidão]. Assim como Samuel Pepys, Thistlewood mantinha um diário minuciosamente detalhado, um diário sem reflexão nem julgamento, somente fatos. Acontecimentos, encontros com outras pessoas, o tempo que fazia, negociações, preços, perdas, tudo o que lhe interessava ou que ele sentia ser digno de registro. Ele não tinha planos de publicar ou compartilhar as informações que registrava. Uma leitura de seu diário revela que, assim como a maioria de seus conterrâneos, Thistlewood tinha um compromisso natural com o *statu quo*. Ele não se questionava sobre a moralidade da escravidão, nem sobre o papel que ele próprio exercia em seu funcionamento. Ele simplesmente existia no mundo conforme o conhecia e registrava esse mundo. É isso, essa sua ausência de juízo moral nem um pouco atípica, que ajuda a compreender a aceitação da escravidão. Um dos aspectos íntimos das suas exaustivas anotações são os detalhes de sua vida sexual no engenho (nada diferente de suas façanhas juvenis e primordialmente casuais na Grã-Bretanha).

Ele anotava o horário do encontro, o grau de satisfação obtido, a frequência do ato e, sobretudo, onde este ocorria. Além do prazer evidente, havia também a facilidade e o conforto do controle. Não havia necessidade de seduzir, nem mesmo de conversar — meras anotações em meio a outras sobre o preço da cana-de-açúcar ou uma bem-sucedida negociação de farinha. Ao contrário das anotações profissionais de Thistlewood, seu registro carnal era escrito em latim: *Sup. Lect.* indicava "na cama"; *Sup. Terr.*, "no chão"; *In Sil-*

va, "no mato"; *In Mag.* ou *Parv. Dom.*, "no quarto grande" ou "no pequeno"; e, quando ele não alcançava a satisfação, *Sed non bene*. Hoje em dia, imagino eu, isso seria chamado de estupro; na época chamava-se *droit du seigneur*, o direito do senhor. Entremeadas a suas atividades sexuais aparecem anotações sobre cultivo, tarefas, visitantes, doenças, e assim por diante.

Um registro de 10 de setembro de 1751 diz, em parte: "por volta de ½ hora após as 10 da manhã *Cum* Flora, uma congo, *Super Terram* no canavial, em cima do topo do muro, na margem direita do rio, na direção da área dos negros. Ela fora colher agrião. Dei-lhe 4 *bitts*". No dia seguinte, nas primeiras horas da manhã, ele escreve: "Cerca de 2 da manhã *Cum* Moça negra, *super* chão, lado norte da cama, na saleta leste, 'desconhecido'". E um registro de 2 de junho de 1760 diz, em parte: "Limpei as máquinas, joguei fora os restos de madeira, tirei terra do açude, & c. p.m. *Cum L. Mimber, Sup Me Lect"*.

Diferentes, mas não menos reveladoras, são as tentativas literárias de "romantizar" a escravidão, de torná-la aceitável, preferível até, humanizando-a e até mesmo valorizan-do-a. O controle, seja bem-intencionado, seja ganancioso, no fim das contas talvez nem seja necessário. Entendem? É o que diz Harriet Beecher Stowe para seus leitores (brancos). Calma, ela diz. Os escravos sabem se controlar. Não tenham medo. Os negros só querem servir. O instinto natural do escravo, sugere ela, é o da gentileza, instinto esse que só é perturbado por brancos maus que, como Simon Legree (nascido no norte, detalhe significativo), os ameaçam e maltratam. A sensação de medo e desprezo que os brancos podem ter, e que incentiva a brutalidade, é injustificada, ela sugere. Quase. Quase. No entanto, existem em *A cabana do Pai Tomás* sinais do medo da própria Stowe, como uma proteção literária. Ou talvez ela seja apenas sensível à apreensão do leitor. Como, por exemplo, garantir a segurança, em pleno século XIX, de quem adentra o Espaço Negro? É só bater na porta e entrar? Caso esteja desarmado, será que se arrisca a entrar? Bem, mesmo sendo um menino inocente como o jovem George indo visitar tio Tom e tia Chloe, você precisa de sinais abundantes e amigáveis de boas-vindas, de segurança. A casa de Tom é um casebre humilde, pequeno, situado bem ao lado da casa do senhor. Mesmo assim, para Stowe, a entrada do menino branco requer sinais evidentes de salvo conduto. Portanto, Stowe descreve a entrada como extremamente convidativa:

> Na frente [a cabana] tinha uma bem-arrumada horta, onde a cada verão morangos, framboesas e variados frutos e legumes vicejavam sob cui-

dados esmerados. A frente toda [...] era cober-
ta por uma grande trepadeira vermelha e uma
roseira brava nativa que, retorcida e entrelaça-
da, mal deixava à mostra um vestígio das toras
grosseiras. Ali também, no verão, várias flores
anuais, como cravos, petúnias e maravilhas, en-
contravam um canto indulgente no qual desa-
brochar seu esplendor.

A beleza natural que Stowe se esforça para
descrever é refinada, acolhedora, sedutora e
excessiva.

Uma vez dentro dessa pequena cabana
de madeira onde tia Chloe está cozinhando
e cuidando de todos, depois de algumas fo-
focas e elogios, todos se sentam para comer.
Menos as crianças, Mose e Pete. Elas comem
debaixo da mesa, no chão. Pedaços de comida são jogados em sua direção, e elas se preci-
pitam para pegá-los:

[O jovem] George e Tom passaram para um assento confortável no canto da lareira enquanto tia Chloe, após ter assado uma pilha considerável de bolos, pegava seu bebê no colo e começava a encher alternadamente a boca dele e a sua e a distribuir a parte de Mose e Pete, que pareciam preferir comer enquanto rolavam no chão debaixo da mesa, fazendo cócegas um no outro e puxando de vez em quando os dedos do pé do bebê.

"Ah! Saiam daí, vocês!", dizia a mãe, dando alguns chutes um tanto genéricos debaixo da mesa quando a movimentação se tornava demasiado turbulenta. "Não conseguem se comportar de um jeito decente quando vem um branco visitar? Parem com isso, entenderam bem? É melhor se comportarem, ou quando o sinhô George for embora eu dou uma lição em vocês!"

Para mim essa é uma cena extraordinária: o jovem patrão se declarou satisfeito com a refeição, e você, uma mãe escravizada, segura seu bebê no colo e alimenta a ele e a si mesma enquanto seu "marido" também come, mas joga comida num chão de terra batida para seus dois outros filhos disputarem? Uma cena esquisita cujo objetivo é divertir, penso eu, e assegurar ao leitor de que tudo nessa atmosfera é seguro, divertido até, e principalmente gentil, generoso e subserviente. São trechos cuidadosamente demarcados destinados a tranquilizar o temeroso leitor branco.

Harriet Beecher Stowe não escreveu *A cabana do Pai Tomás* para Tom, tia Chloe ou qualquer pessoa negra ler. Seus leitores contemporâneos eram pessoas brancas, aquelas que precisavam, queriam ou conseguiam apreciar a romantização.

Para Thistlewood, o estupro é a romantização proprietária do *droit du seigneur*. Para Stowe, a escravidão é sexual e romanticamente esterilizada e perfumada. O relacionamento entre a pequena Eva e Topsy, no qual Topsy, uma criança negra malcomportada e burra é redimida, civilizada por uma criança branca amorosa, é tão profundamente sentimentalizado que se torna outro ótimo exemplo da romantização da escravidão.

Tenho uma dívida com minha bisavó, uma dívida profunda. Embora ela não tenha tido nenhuma intenção de ajudar, pois não tinha remédio para nossa deficiência, ela mesmo assim despertou em mim uma curiosidade que influenciou grande parte da minha obra. *O olho mais azul* é minha primeira exploração do dano causado pela autodepreciação racial. Mais tarde examinei o conceito de seu oposto, a superioridade racial, em *Paraíso*. Em *Deus ajude essa criança*, mais uma vez me debrucei sobre o triunfalismo e o engodo promovidos pelo colorismo. Escrevi sobre suas falhas, sua arrogância e sua eventual autodestruição. Agora (no romance que estou escrevendo) estou animada para explorar a educação de um racista: como se passa de um ventre sem raça para o ventre do racismo, para o pertencimento a uma existência amada ou desprezada, mas determinada pela raça? O que é a raça (além de imaginação genética) e por que ela tem importância? Uma vez seus parâmetros conhecidos, definidos (caso isso seja possível), que comportamento ela exige/encoraja? Raça é a classificação de uma espécie, e nós somos a raça humana, ponto-final. O que é então essa outra coisa, a hostilidade, o racismo social, a Outremização?

Qual é a natureza do conforto proporcionado pela Outremização, de sua atração, de seu poder (social, psicológico ou econômico)? Será a emoção de pertencer, que implica fazer parte de algo maior do que um único eu isolado, e portanto mais forte? Minha opinião inicial tende para a necessidade social/

psicológica de um "estrangeiro", um Outro, que possibilite definir o eu isolado (aquele que busca multidões é sempre o solitário).

Por fim, permitam que eu cite *The Romance of Race* [O romance da raça], a excelente exposição de Jolie A. Sheffer do modo como o "pertencimento", ou seja, a criação de uma nação coerente composta por imigrantes, ocorreu durante a grande imigração da Europa do sul e do leste:

[C]erca de 23 milhões de imigrantes, a maioria europeus do leste e do sul, e majoritariamente judeus, católicos e ortodoxos, chegaram aos Estados Unidos no período entre 1890 e 1920, desafiando a maioria branca, anglo-saxã e protestante [wasp, sigla em inglês para *White Anglo-Saxon Protestant*]. Essas "infusões de sangue estrangeiro", segundo o termo usado na virada do século xx, transformaram a identidade dos Estados Unidos, mas [...] não desafiaram fundamentalmente a hegemonia branca; o que aconteceu foi que as etnias europeias logo se tornaram, ao menos nominalmente, parte da maioria "branca".

Os estudos acadêmicos sobre esse tema são profundos e vastos. Esses imigrantes que chegavam aos Estados Unidos entendiam que, se quisessem se tornar americanos "de verdade", precisavam romper, ou pelo menos minimizar muito os vínculos com seu país natal, para assim abraçar sua brancura. A definição de "americanidade", para muitos, (infelizmente) continua sendo a cor.

2. Ser ou tornar-se o estrangeiro

Como há vantagens muito importantes em criar e sustentar um Outro, é importante (1) identificar essas vantagens e (2) descobrir quais podem ser as consequências sociais e políticas de repudiar essas vantagens.

Flannery O'Connor mostra de forma honesta e profundamente sensível sua compreensão do estrangeiro, do excluído, do Outro. Por baixo do tom cômico muitas vezes observado por seus críticos, há uma leitura rápida e precisa da construção do estrangeiro e suas vantagens. Representativo dessa experiência deliberada de fugir em vez de se tornar o estrangeiro, o eterno Outro, é o conto "The Artificial Nigger" [O preto artificial], de sua autoria. A história é uma descrição cuidadosamente apresentada de como e por que os negros são tão fundamentais para uma definição branca da humanidade. Nesse processo, como veremos, a palavra *"nigger"* é usada constantemente, até mesmo e sobretudo quando desnecessária. Seu uso é uma parte grande da instrução do jovem menino branco da história. O uso insistente e excessivo indica quanto os negros são importantes para a autovalorização do sr. Head, seu tio.

O'Connor começa seu conto com uma descrição fingida, deliberadamente enganadora: o sr. Head é apresentado ao leitor numa linguagem que evoca símbolos aristocráticos de realeza.

> Quando acordou, o sr. Head percebeu que o quarto estava repleto de luar. Sentou-se e olhou para as tábuas do piso, cor de prata, depois para o tre-

meluzir em seu travesseiro, que poderia ter sido feito de brocado, e após um segundo viu metade da lua a um metro e meio de distância refletida em seu espelho de barbear, parada como se estivesse esperando sua permissão para entrar. Ela rolou para a frente e lançou sobre tudo uma luz dignificante. A cadeira reta encostada na parede parecia rígida e atenta, como se aguardasse uma ordem, e a calça do sr. Head, pendurada em seu encosto, tinha um aspecto quase nobre, como uma peça de roupa que algum homem importante acabara de jogar para o seu criado.

Há cerca de cento e cinquenta palavras antes de o leitor se inteirar, contrariando os sonhos do sr. Head, de sua pobreza rural, de sua idade e de sua tristeza. Inteirar-se também de seu atual objetivo na vida: instruir o sobrinho Nelson no processo de Outremização, de identificação do estrangeiro. Quando, num trem para Atlanta, eles veem passar um homem negro obviamente bem-sucedido, a instrução racista se exacerba.

"O que era aquilo?", perguntou [o sr. Head].

"Um homem", respondeu o menino, e lançou-lhe um olhar indignado, como quem está cansado de ter sua inteligência insultada.

"Que tipo de homem?", insistiu o sr. Head, com uma voz inexpressiva.

"Um homem gordo", disse Nelson [...].

"Você não sabe que tipo?", perguntou o sr. Head num tom conclusivo.

"Um homem velho", respondeu o menino [...].

"Aquilo era um preto", disse o sr. Head, e recostou-se na cadeira. [...]

"Você disse que eles eram negros [...]. Nunca disse que eram queimados de sol [...]."

Esse processo de identificação do estrangeiro tem uma reação esperada: um medo exagerado do outro.

Mais tarde, quando estão perdidos nas ruas da cidade e vão parar num bairro negro, os dois ficam naturalmente alarmados: "Olhos negros em rostos negros os observavam de todas as direções". Quando, em desespero, eles param diante de uma mulher negra postada descalça em frente à própria casa, Nelson experimenta uma estranha sensação: "Ele de repente quis que ela baixasse os braços e o pegasse no colo e o puxasse contra si e então quis sentir o hálito dela em seu rosto [...] enquanto ela o abraçasse cada vez mais forte. Nunca tinha tido uma sensação como aquela". A mulher lhes dá instruções de modo educado e casual. E logo vem a consequência desse encontro não ameaçador: desavença, abandono, traição, entre o sr. Head e Nelson. Sem a cola da superioridade racial parece não haver possibilidade de perdão ou reencontro. Quando eles finalmente adentram um bairro só de brancos, seu medo de não pertencer, de se tornarem eles próprios os estrangeiros, os desestabiliza. Eles só são tranquilizados e liberados dessa ameaça quando veem uma conexão visual com o que acreditam ser um racismo compartilhado por brancos de todas as classes: o preto artificial. Em pé diante daquela figura, a estátua de um jóquei negro, eles a fitam "como se estivessem em face de algum grande mistério, de algum monumento à vitória alheia que os unisse em sua derrota comum. Ambos puderam sentir aquilo dissolver suas desavenças como um ato de misericórdia".

A instrução do menino está completa: o racismo lhe foi ensinado, com sucesso e refinamento, e ele acredita ter adquirido respeitabilidade, status. E a ilusão de poder ao longo do processo de invenção de um Outro.

Essa percepção do século xx do estrangeiro deve ser posta lado a lado com narrativas anteriores escritas ou registradas pelo estrangeiro nas quais ele detalha sua percepção de si mesmo. Em primeiro lugar, talvez haja algum mérito em pesquisar a "raça" em si. A identificação e a exclusão raciais não começaram nem terminaram com os negros. Cultura, características físicas e religião eram e são, entre todos, precursores de estratégias para a ascendência e o poder. Basta recordar a história da palavra "caucasiano", seus usos e seu declínio.

Uma explicação exaustiva é dada no livro *The Rise and Fall of the Caucasian Race* [Ascensão e queda da raça caucasiana], de Bruce Baum.

Desde 1952, a categoria "raça caucasiana" manteve um lugar proeminente no discurso cotidiano sobre raça, principalmente nos Estados Unidos, mas vem sendo cada vez mais questionada por antropólogos e biólogos juntamente com o conceito de "raça" em si. Excetuando-se a visão de certos supremacistas brancos, em geral hoje em dia nem é preciso dizer que a raça ariana é algo que não existe. O mito da "raça ariana" foi compilado a partir de várias fontes em meados do século XIX [...] antes de se tornar um dos pilares do nazismo [...]. O conceito de uma raça caucasiana, por sua vez, já entrou e saiu de moda, e depois voltou à moda outra vez, entre os estudiosos das raças e no uso popular.

Baum conclui, entre outras coisas, que "a raça, em suma, é um efeito do poder".

Portanto, quando falamos ou escrevemos sobre o estrangeiro, o forasteiro, o Outro, devemos ter em mente o que significa essa relação.

As narrativas de escravizados, tanto escritas quanto orais, são vitais para compreender o processo da Outremização. Várias de suas narrativas têm início na infância com descrições do amor e da devoção por seus primeiros donos, e de sua profunda tristeza ao serem vendidos. A inocência das crianças, tanto as que são posses quanto as que possuem, é um elemento recorrente das narrativas de escravizados: idealizada no teatro, em livros comerciais e artísticos, em cartazes e em jornais. É só mais tarde, quando se aproximam da puberdade, que um universo diferente é revelado. Mas é um universo em que estar literalmente escravizado, em que ser o Outro desprezado e maltratado, lança sua luz mais reveladora sobre os escravizadores, aqueles que gozavam, sustentavam e se beneficiavam dessa chamada instituição peculiar.

Gostaria de chamar sua atenção para exemplos do custo humano do trabalho escravizado que gerava lucro para os proprietários. Tirei esses exemplos do livro de memórias de Mary Prince, *The History of Mary Prince, A West Indian Slave* [A história de

Mary Prince, escrava das Índias Ocidentais],
de 1831.

Considerem este trecho das recordações
de Prince sobre o trabalho nas salinas:

> Recebia meio barril [a ser enchido de sal] e uma
> pá, e tinha de ficar dentro d'água até os joelhos,
> das quatro da manhã às nove, quando nos da-
> vam um pouco de milho indígena fervido em
> água [...]. Nós [...] trabalhávamos no horário
> mais quente do dia [...] o sol [...] formava bolhas
> de sal [...]. Nossos pés e pernas, de tantas ho-
> ras em pé dentro d'água, logo ficavam repletos
> de bolhas terríveis, que em alguns casos pene-
> travam até o osso [...]. Dormíamos num abrigo
> comprido dividido em seções estreitas, como as
> baias usadas para animais.

Ela descreve a troca de um senhor pelo outro como:

[...] passar de um açougueiro a outro [... O primeiro] costumava me bater durante acessos de raiva, espumando de paixão [... o seguinte] em geral era bastante calmo. Mantinha-se à parte e dava ordens para um escravo ser cruelmente açoitado [...] andando de um lado para o outro e cheirando rapé com toda tranquilidade.

Se essas descrições não são exemplos explícitos de sadismo, é difícil imaginar o que seria.

Ou então considerem este relato, também extraído das memórias de Mary Prince:

Certo dia, um grande temporal de chuva e vento chegou de repente, e minha dona me mandou dar a volta até atrás da casa para esvaziar um grande jarro de barro. O jarro já estava rachado, com uma rachadura antiga e profunda que o dividia ao meio, e quando o virei de cabeça para baixo para esvaziá-lo ele se quebrou na minha mão [...]. Corri chorando até minha dona, "Ah, senhora, o jarro partiu ao meio". "Você quebrou, foi?", respondeu ela [...]. Ela tirou minha roupa e me deu uma surra demorada e severa com o chicote de couro; isso enquanto tinha forças para usar a chibata, pois só parou quando ficou bastante cansada.

Nada vai desfazer o acidente; nada vai consertar o jarro de imediato, então que urgência tem a surra? Ensinar uma lição ou recebê-la? Mary Prince sabia como o tratamento dos escravizados degradava o senhor, assim como Harriet Jacobs, cujo *Incidents in the Life of a Slave Girl* [Incidentes na vida de uma jovem escrava] (1861) foi lançado trinta longos anos após as memórias de Prince, às vésperas da Guerra de Secessão. Jacobs escreve:

Posso testemunhar, a partir de minhas próprias experiências e observações, que a escravidão constitui uma maldição para os brancos tanto quanto para os negros. Ela torna os pais brancos cruéis e lascivos; os filhos violentos e degenerados; contamina as filhas, e torna as esposas más.

Na minha opinião, por mais impressionantemente repulsivos que sejam esses incidentes de violência, a questão que surge, bem mais reveladora do que a severidade da punição, é: quem são essas pessoas? Como elas se esforçam para definir o escravizado como desumano e selvagem, quando na verdade a definição de desumano descreve em grande parte quem pune. Quando precisam descansar exaustas entre duas sessões de chibatadas, a punição é mais sádica do que corretiva. Se uma surra demorada cansa quem açoita, e a pessoa precisa de uma série de pausas para poder prosseguir, de que serve a duração para o açoitado? Essa dor extrema parece destinada ao prazer de quem segura a chibata.

A necessidade de transformar o escravizado numa espécie estrangeira parece ser uma tentativa desesperada de confirmar a si mesmo como normal. A urgência em distinguir entre quem pertence à raça humana e quem decididamente não é humano é tão potente que o foco se desloca e mira não o objeto da degradação, mas seu criador. Mesmo supondo que os escravizados exagerassem, a sensibilidade dos senhores é medieval. É como se eles gritassem: "Eu não sou um animal! Eu não sou um animal! Eu torturo os indefesos para provar que não sou fraco". O risco de sentir empatia pelo estrangeiro é a possibilidade de se tornar estrangeiro. Perder o próprio status racializado é perder a própria diferença, valorizada e idealizada.

Eu retratei e explorei esse enigma em quase todos os livros que escrevi. Em *Compaixão*, esforcei-me para identificar a transformação de relações de empatia em relações de violência entre as raças promovida pela religião. Uma senhora de escravos outrora gentil passa a puni-los depois de ficar viúva e entrar para uma seita religiosa rígida e severa. Dessa forma, ela recupera o prestígio perdido por causa da viuvez maltratando seus escravos.

Minha exploração mais teatral pode ser vista em *Paraíso*. Nesse livro examinei os resultados contraditórios de imaginar uma comunidade puramente baseada na raça, só que dessa vez o "estrangeiro" são todas as pessoas brancas ou "de raça mista".

Talvez eu possa explicar melhor essa capacidade de isolar os outros demonstrando como eu mesma participei desse processo e aprendi com ele. Já publiquei esse relato antes, mas quero descrever para vocês como estamos suscetíveis a nos distanciarmos e impormos nossa própria imagem aos outros, bem como a nos tornarmos os estrangeiros que talvez abominemos.

Estou na minha casa recém-comprada à beira do rio, caminhando pelo quintal, quando vejo uma mulher sentada à margem, em uma mureta na extremidade do jardim de uma vizinha. Uma vara de pescar caseira forma uma curva até a água a uns sete metros da mão dela. Uma sensação de acolhimento me invade. Caminho em direção a ela, chego bem perto da cerca que separa meu terreno do terreno da vizinha e reparo com prazer nas roupas que ela está usando: sapatos masculinos, um chapéu de homem, um suéter gasto sem cor definida por cima de um longo vestido preto. A mulher é negra. Ela vira a cabeça e me cumprimenta com um sorriso fácil e um "Como vai?". Me diz seu nome (Mãe Fulana), e passamos algum tempo conversando, uns quinze minutos ou algo assim, sobre receitas de peixe, o tempo e filhos. Quando pergunto se ela mora ali, ela responde que não. Mora num vilarejo próximo, mas a dona da casa a deixa pescar ali sempre que ela quer, e ela vem toda semana, às vezes vários dias seguidos quando as percas ou os bagres estão subindo o rio, e mesmo quando não estão, pois gosta de enguia também, e enguia sempre tem. É espirituosa, e cheia daquela sabedoria cujo segredo as mulheres mais velhas sempre parecem deter. Quando nos despedimos, é com a compreensão de que ela estará lá no dia seguinte ou muito pouco depois disso, e que iremos nos reencontrar. Imagino outras conversas com ela. Vou convidá-la para ir à minha casa tomar um café, para histórias e risadas. Ela me lembra alguém ou alguma coisa. Imagino uma amizade casual, descomplicada, deliciosa.

Ela não está lá no dia seguinte. Tampouco nos outros que se seguem. E eu a procuro toda manhã. O verão passa e eu não a vejo sequer uma vez. Por fim, falo com a vizinha para perguntar sobre ela, e fico pasma ao descobrir que ela não sabe de quem nem do que estou falando. Nenhuma velha senhora pescava da sua mureta, nunca pescou, e ninguém recebeu permissão para fazer isso. Concluo que a pescadora inventou a autorização e aproveitou as frequentes ausências da vizinha para pescar clandestinamente. A presença da vizinha é prova de que a pescadora não estaria ali. Nos meses subsequentes, pergunto a várias pessoas se elas conhecem Mãe Fulana. Ninguém, nem mesmo gente que mora em vilarejos próximos há setenta anos, ouviu falar dela.

Senti-me enganada, intrigada, mas também achei graça, e me pergunto de vez em quando se a mulher foi um sonho que eu tive. Em todo caso, digo a mim mesma, foi um encontro sem outro valor que não o anedótico. Mesmo assim. Aos poucos, a irritação e em seguida a amargura ocupam o lugar do meu espanto original. Uma determinada vista das minhas janelas agora está desprovida dela, fazendo-me recordar todas as manhãs seu engodo e minha decepção. O que ela estava fazendo naquele bairro, afinal? Ela não tinha carro, e teria de ter andando seis quilômetros e meio caso de fato morasse onde dissera morar. Como poderia passar despercebida na estrada com aquele chapéu, com aqueles sapatos horríveis? Tento entender a intensidade da minha tristeza, e por que estou sentindo falta de uma mulher com quem conversei durante quinze minutos. Não chego a nenhum lugar exceto à explicação egoísta de que ela havia adentrado o meu espaço (ou pelo menos chegado perto dele, no limite da propriedade, a fronteira, bem junto à cerca onde as coisas mais interessantes sempre acontecem) e sugerido promessas de camaradagem feminina, de oportunidades para eu ser generosa, para proteger e ser protegida. Ela agora se foi, levando consigo a ideia de boa pessoa que eu tinha em relação a mim mesma, o que, naturalmente, é imperdoável. E não é esse o tipo de coisa que nós tememos que os estrangeiros façam? Perturbar. Trair. Provar que não são como nós? Por isso é tão difícil saber o que fazer com eles. O amor que os profetas nos instaram a oferecer aos estrangeiros é o mesmo amor que Jean-Paul Sartre pôde justamente revelar como a falsidade do inferno. A frase notável de *Entre quatro paredes*, "L'enfer, c'est les autres", levanta a possibilidade de que as "outras pessoas" sejam as responsáveis por transformar um mundo particular num inferno público. O inferno são os outros.

Na advertência de um profeta e no alerta irônico de um artista, entende-se que tanto os estrangeiros quanto os amados induzem nosso olhar a se desviar ou a fazer afirmações. Os profetas religiosos advertem quanto ao risco do desvio, do olhar para o outro lado; Sartre alerta sobre o amor como posse.

As fontes que temos à nossa disposição

para o acesso gentil uns aos outros, para transpor o mero ar azul que nos separa, são poucas, porém poderosas: a linguagem, a imagem e a experiência, que pode envolver ambas, uma ou nenhuma das duas primeiras. A linguagem (dizer, escutar, ler) pode incentivar, ou mesmo exigir a entrega, a eliminação das distâncias que nos separam, sejam elas continentais ou apenas um mesmo travesseiro, sejam distâncias de cultura ou as distinções e indistinções de idade ou gênero, sejam elas consequências da invenção social ou da biologia. A imagem rege cada vez mais o reino da fabricação, às vezes se transformando em conhecimento, outras vezes contaminando-o. Ao provocar a linguagem ou eclipsá-la, uma imagem pode determinar não apenas o que sabemos e sentimos, mas também o que acreditamos que vale a pena saber sobre o que sentimos.

Esses dois deuses menores, linguagem e

imagem, alimentam e formam a experiência. Minha identificação instantânea com uma pescadora vestida de forma extravagante se deveu em parte a uma imagem na qual estava baseada a representação que eu fazia dela. Eu imediatamente a sentimentalizei e me apropriei dela. Imaginei-a como minha xamã pessoal. Apoderei-me dela, ou quis fazê-lo (e desconfio que ela tenha percebido). Tinha esquecido o poder das imagens arraigadas e da linguagem estilosa para seduzir, revelar, controlar. Tinha esquecido também sua capacidade de nos ajudar a dar continuidade ao projeto humano, que é permanecer humano e impedir a desumanização e a exclusão de outros.

Porém, algo imprevisto adentrou esse cardápio reconhecidamente simplista de nossos recursos. Longe de nossas expectativas iniciais de uma maior intimidade e um conhecimento mais amplo, as representações corriqueiras da mídia utilizam imagens e linguagens que restringem nossa visão de como os humanos são (ou deveriam ser) e de que na verdade somos todos iguais. Sucumbir às perversões da mídia pode embaçar a visão; resistir-lhe pode ter o mesmo resultado. Eu estava clara e agressivamente resistindo a tais influências em meu encontro com a pescadora. Tanto a arte e a imaginação quanto o mercado podem ser cúmplices quando se priva a fórmula de forma, o artifício de natureza, as mercadorias de humanidade. Em alguns círculos exaltados, a arte que tende à representação se tornou de fato pior do que desprezível. O conceito do que significa ser humano mudou, e a palavra "verdade" precisa tanto de aspas que a sua ausência (seu caráter elusivo) é mais forte do que a sua presença.

Por que deveríamos querer conhecer um estrangeiro quando é mais fácil nos isolarmos uns dos outros? Por que deveríamos querer diminuir a distância quando podemos fechar o portão? Os apelos por civilidade na arte e na religião em relação à Riqueza de Todos são fracos.

Foi preciso algum tempo para que eu entendesse minha apropriação irracional daquela pescadora. Para entender que eu estava desejando e sentindo falta de algum aspecto de mim mesma, e que não existem estrangeiros. Existem apenas versões de nós mesmos; muitas delas nós não abraçamos, e da maioria desejamos nos proteger. Pois o estrangeiro não é desconhecido, e sim aleatório; não é alienígena, e sim lembrado; e é o caráter aleatório do encontro com nossos eus já conhecidos, ainda que não admitidos, que causa um sinal de alarme. Que nos faz rejeitar a figura e a emoção que ela provoca, principalmente quando essas emoções são profundas. É também o que nos faz querer possuir, governar e administrar o Outro. Romantizá-lo, se pudermos, e assim trazê-lo de volta para dentro de nossos próprios espelhos. Em qualquer dos casos (seja no alarme, seja na falsa reverência), nós lhe negamos a realidade como pessoa, a individualidade específica que insistimos manter para nós mesmos.

3. O fetiche da cor

Objeto de constante fascínio para mim são as maneiras como a literatura usa a cor da pele para revelar caráter ou impelir a narrativa, sobretudo se o personagem fictício principal for branco (o que quase sempre é o caso). Seja pelo horror de uma única gota do místico sangue "negro", ou por sinais de superioridade branca inata, ou de um poder sexual perturbado e excessivo, a identificação e o significado da cor são muitas vezes o fator decisivo.

Para o horror suscitado pela "única gota", não há melhor guia do que William Faulkner. O que mais assombra *O som e a fúria* ou *Absalão, Absalão!*? Entre as indignações maritais incestuosas e a miscigenação, a segunda (um termo antigo, porém útil para "mistura de raças") é obviamente a mais detestável. Em boa parte da literatura norte-americana, quando a trama exige uma crise familiar, nada é mais repulsivo do que relações carnais mútuas entre as raças. É o aspecto mútuo desses encontros que é retratado como chocante, ilegal e repugnante. Ao contrário do estupro de escravizados, a escolha humana ou, Deus nos livre, o amor recebe uma condenação global. E, para Faulkner, ambos conduzem ao assassinato.

No capítulo iv de *Absalão, Absalão!*, o sr. Compson explica a Quentin o que levou Henry Sutpen a matar o meio-irmão Charles Bon:

Contudo, quatro anos depois, Henry teve que matar Bon para impedi-los de se casarem. [...]

Sim, mesmo levando-se em consideração que até para o inexperiente Henry, para não falar do mais viajado pai, a existência da amante negra oitavona e do filho, um dezesseis avos negro, e até da cerimônia morganática [...] seria razão suficiente [...].

Bem mais tarde no romance, Quentin imagina o seguinte diálogo entre Henry e Charles:

— Então é a miscigenação, não o incesto, que você não pode suportar.

Henry não responde.

— E ele não me mandou nenhum recado? [...] Ele não precisava fazer isso, Henry. Não precisava contar a você que eu sou um preto para me impedir. [...]

— Você é meu irmão.

— Não, não sou. Sou o preto que vai dormir com a sua irmã. A menos que você me impeça, Henry.

Igualmente fascinante, se não mais, é o emprego do colorismo por Ernest Hemingway. O uso que ele faz desse mecanismo facilmente disponível passa por várias modalidades de colorismo, de negros desprezíveis a negros tristes mas dignos de empatia, a um erotismo exacerbado abastecido pela negritude. Nenhuma dessas categorias é externa ao mundo do escritor ou à sua façanha narrativa, mas o que me interessa é como esse mundo é articulado. O colorismo é tão fácil... é o derradeiro atalho narrativo.

Observem o uso do colorismo por Hemingway em *Ter e não ter*. Quando Harry Morgan, contrabandista de rum e personagem principal do romance, se dirige diretamente ao único personagem negro no barco, ele o chama pelo nome, Wesley. Mas, quando o narrador de Hemingway se dirige ao leitor, ele diz (escreve) "preto" [*nigger* no original]. Aqui, os dois homens, a bordo do barco de

Morgan, foram baleados após um confronto com agentes do governo cubano:

> [...] e ele disse ao preto: "Onde diabos nós estamos?".
>
> O preto se levantou para olhar [...].
>
> "Vou deixar você confortável, Wesley", disse ele. [...]
>
> "Não consigo nem me mexer", disse o preto. [...]
>
> Ele deu ao negro um copo d'água [...].
>
> O preto tentou se mexer para alcançar um saco, então gemeu e tornou a se deitar.
>
> "Está doendo tanto assim, Wesley?"
>
> "Ai, Deus", disse o preto.

Não fica claro por que o próprio nome de seu companheiro não basta para fazer avançar, explicar ou descrever a situação, a menos que a intenção do autor seja ressaltar a compaixão do narrador por um homem negro, compaixão essa que talvez torne esse contrabandista mais simpático aos olhos dos leitores.

Agora comparem essa representação de um homem negro como alguém que reclama constantemente, alguém que é fraco e precisa da ajuda do patrão branco (ferido com ainda mais gravidade) com outra manipulação de Hemingway das metáforas de raça, dessa vez para obter um efeito erótico e altamente desejável.

Em *O jardim do Éden*, o personagem masculino, chamado inicialmente de "rapaz" e mais tarde de David, está numa lua de mel prolongada na Côte d'Azur com sua nova esposa, chamada alternadamente de "a moça" e Catherine. Eles relaxam, nadam, comem e fazem sexo sem parar. A conversa dos dois é em grande parte uma tagarelice inconsequente ou confessional, mas a permeá-la há um tema dominante da negritude como algo profundamente belo, empolgante e sexualmente atraente:

"[...] você é meu bom e lindo marido, e meu irmão também [...] quando formos à África eu também vou ser sua moça africana." [...]

"É cedo demais para ir à África. Agora é a época das chuvas, e depois o mato fica alto demais e faz muito frio." [...]

"Para onde devemos ir então?"

"Podemos ir para a Espanha, mas [...] é cedo demais para o litoral basco. Ainda está frio e chuvoso. Agora chove por toda parte lá."

"Não existe nenhum lugar quente onde possamos nadar como nadamos aqui?"

"Não se pode nadar na Espanha como nadamos aqui. Você seria presa."

"Que chatice. Então vamos esperar para ir para lá, porque eu quero que fiquemos mais escuros."

"Por que você quer ficar tão escura?" [...]

"Não excita você eu ficar tão escura?"

"Aham. Eu adoro."

Essa estranha mistura de incesto, pele negra e sexualidade é bem diferente da separação entre "cubanos" e "pretos" de Hemingway em *Ter e não ter*. Embora nesse romance ambos os termos na realidade se refiram a cubanos (pessoas nascidas em Cuba), o segundo é desprovido de nacionalidade e de lar.

Há um ótimo motivo para o papel que o colorismo desempenha na literatura. Era a lei. Mesmo um exame casual das "chamadas" leis da cor já justifica a ênfase na cor como indicação do que é ou não legal. Os atos legislativos da Virgínia para garantir a aplicação da escravidão e controlar os negros (compilados por June Purcell Guild em *Black Laws of Virginia* [As leis negras da Virgínia]) são, como observa o prefácio, representativos de leis que "permeavam a vida dos negros dos séculos XVIII e XIX, fossem eles escravos ou homens livres; e, por conseguinte, a trama da vida para a maioria branca".

Por exemplo, um estatuto de 1705 afirmava que "papistas dissidentes, condenados, negros, mulatos e criados indígenas, e outros que não forem cristãos, não poderão servir como testemunha sejam quais forem os casos".

Segundo um código criminal de 1847, "Qualquer pessoa branca que se reunir com escravos ou negros livres com o propósito de lhes ensinar a ler ou escrever [...] ficará presa por um período não superior a seis meses e receberá uma multa não superior a cem dólares."

Bem mais tarde, sob as leis de Jim Crow, o General Code of the City of Birmingham of 1944 [Código geral da cidade de Birmingham de 1944] proibia qualquer negro e branco, em qualquer espaço público, de jogarem juntos "qualquer jogo de cartas, dados, dominó ou damas".

São leis arcaicas e, de certo modo, tolas. E, embora não sejam mais aplicadas nem aplicáveis, elas proporcionaram a base sobre a qual muitos escritores evoluíram com grande estilo.

É fácil compreender a mecânica cultural para se tornar americano. Um cidadão da Itália ou da Rússia imigra para os Estados Unidos. Conserva boa ou alguma parte do idioma e dos costumes do país natal. Mas se quiser ser americano, ser reconhecido como tal e de fato pertencer a esse grupo, precisa se tornar algo inimaginável em seu país de origem: precisa se tornar branco. Isso pode ser confortável ou não para ele, mas proporciona vantagens a longo prazo, bem como determinadas liberdades.

Os africanos e seus descendentes nunca tiveram essa escolha, como atestam tantas obras literárias. Eu me interessei pela ideia de retratar os negros por cultura, em vez da cor da pele: quando só sua cor já era sua *bête noire*, quando ela era algo incidental, e quando era impossível de ser determinada, ou deliberadamente omitida. Esta última questão me proporcionou uma oportunidade interessante de ignorar o fetiche da cor, bem como uma certa liberdade, acompanhada de alguma escrita muito cuidadosa. Em alguns romances, teatralizei essa questão não apenas me recusando a me apoiar em sinais de raça, mas também alertando o leitor quanto à minha estratégia.

Em *Paraíso*, as primeiras frases lançam o estratagema: "Eles atiram na branca primeiro. Com o resto podem demorar". Tais frases aparecem como uma explosão de identificação racial que será subsequentemente omitida nas descrições da comunidade feminina do convento em que ocorre o ataque. O leitor procura por ela, essa garota branca? Ou perde o interesse na busca? Abandonando-a para se concentrar no conteúdo do romance? Alguns leitores me contaram seus palpites, mas apenas uma acertou. Seu foco foi o comportamento, algo que ela identificou como um gesto ou suposição que nenhuma garota negra jamais faria ou teria, independentemente de onde viesse ou de qual fosse o seu passado. Essa comunidade sem raça se assemelha a outra cuja prioridade é exatamente o contrário: para seus membros, a pureza racial é tudo. Qualquer um que não seja *"eight rock"*, o nível mais profundo de uma mina de carvão, é excluído de sua cidade.

Em outras obras, tais como *O olho mais azul*, o tema são as consequências do fetiche da cor: sua força profundamente destruidora.

Em *Voltar para casa*, tentei novamente criar uma obra em que a cor tivesse sido apagada, mas pudesse ser facilmente deduzida se o leitor prestasse bastante atenção aos códigos, às restrições que as pessoas negras sofriam de forma rotineira: onde se sentar num ônibus, onde urinar, e assim por diante. Mas fui tão bem-sucedida em forçar o leitor a ignorar a cor que isso deixou meu editor nervoso. Assim, com relutância, acumulei referências que verificavam a raça do personagem principal Frank Money. Creio que isso foi um erro que contrariou meu objetivo.

Em *Deus ajude essa criança*, a cor é ao mesmo tempo maldição e bênção, martelo e anel de ouro. Embora nenhum dos dois, nem o martelo nem o anel, ajudassem a fazer da personagem um ser humano digno de empatia. Somente o cuidado altruísta por outra pessoa poderia acarretar a verdadeira maturidade.

Há muitas oportunidades de revelar a raça na literatura, quer tenhamos consciência disso ou não. Mas produzir uma literatura não colorista sobre pessoas negras foi uma tarefa que considerei ao mesmo tempo libertadora e árdua.

Quanta tensão ou interesse Ernest Hemingway teria perdido caso houvesse simplesmente usado o primeiro nome de Wesley? Quanto fascínio e quanto choque seriam atenuados se Faulkner tivesse limitado a preocupação central do livro ao incesto, em vez da dramática maldição da "única gota"?

Alguns leitores, travando o primeiro contato com *Compaixão*, que se passa dois anos após os julgamentos das bruxas de Salem, podem pensar que só os negros eram escravizados. Mas um indivíduo dos povos nativo-americanos também podia ser escravizado, ou um casal homossexual branco, como os personagens do meu romance. A amante branca de *Compaixão*, embora não seja escravizada, foi comprada num casamento arranjado.

Tentei essa técnica de apagamento racial

pela primeira vez num conto chamado "Recitatif". Ele teve início na forma de um roteiro que me pediram para escrever para duas atrizes, uma negra, outra branca. Mas, como ao escrever eu não sabia que atriz faria qual papel, eliminei a cor por completo, e usei a classe social como marcador. As atrizes não gostaram nada do meu texto. Mais tarde transformei o material num conto, que, aliás, faz exatamente o contrário do que planejei (os personagens estão divididos por cor, mas todos os códigos raciais foram propositadamente removidos). Em vez de se relacionar com a trama e com o desenvolvimento dos personagens, a maioria dos leitores insiste em procurar aquilo que lhes neguei.

Meu esforço pode não ser admirável nem interessante para outros autores negros. Após décadas lutando para escrever narrativas fortes que retratassem personagens decididamente negros, eles podem se perguntar se eu venho praticando o branqueamento literário. Não. E não estou pedindo para ninguém se juntar a mim nessa empreitada. Mas estou decidida a neutralizar o racismo barato, a aniquilar e desacreditar o fetiche da cor rotineiro, fácil e disponível, que remete à própria escravidão.

4. Configurações de negritude

As definições de "negro" e as descrições do que significa a negritude são tão variadas e carregadas de conceitos científicos escorregadios e invencionices que pode ser interessante, quando não literalmente esclarecedor, examinar as configurações desses termos e os usos literários aos quais são submetidos, bem como as atividades que inspiram, tanto violentas quanto construtivas.

Debrucei-me de perto sobre a história das cidades negras do estado de Oklahoma. Terras desapropriadas (à força) das tribos comanches, conhecidas como Território Oklahoma e Território Indígena, foram declaradas "livres" para os agricultores. Dentre os que reivindicaram a posse dessas terras recém-disponibilizadas estavam os libertos e ex-escravizados, que fundaram cerca de cinquenta cidades. Dessas cinquenta, pelo que entendo, cerca de treze ainda existem: Langston (onde foi criada a Universidade de Langston), Boley (que teve duas faculdades: Creek Seminole College e Methodist Episcopal College), Tullahassee, Red Bird, Vernon, Tatums, Brooksville, Grayson, Lima, Summit, Renstiesville, Taft e Clearview.

Nem todos os moradores tinham a pele negra; alguns poucos eram indígenas nativos e europeus. Mas eles se definiam e aceitavam ajuda do governo como pessoas negras. O que os fundadores dessas cidades queriam dizer com "negro" nem sempre fica claro. Depois da Guerra da Secessão, conforme os ex-escravizados começaram a migrar para o norte e o Meio-Oeste, muitos, muitos anúncios e pedidos alertavam: "Venham preparados, ou então nem venham". Parecia um conselho sensato: tragam suas próprias ferramentas, cavalos, roupas, dinheiro e habilidades, de modo a não serem um fardo e poderem se virar sozinhos. Mas isso era excludente: e uma viúva sem outra habilidade que não cuidar da casa? E uma mulher mãe de filhos pequenos e sem marido? E um velho com deficiência física? Essas pessoas teriam sido afastadas pelos alertas para garantir a saúde e o crescimento da cidade. Além disso, pareceu-me que os pioneiros de raça mista eram preferíveis. Compreendi isso olhando fotografias que mostravam os dois ou três homens de pele escura incumbidos de trabalhar como vigia. Pelo visto, as cidades negras prósperas eram habitadas pelos de pele clara, ou seja, que tinham sangue "branco" nas veias.

Ressalto essa distinção de cor por dois motivos. Um é que o significado de cor e suas supostas características têm sido tema de debates acadêmicos e políticos há pelo menos um século. Outro é o efeito que esse "significado" teve na chamada população negra e branca. (É preciso mencionar que os africanos, com exceção dos sul-africanos, não se referem a si mesmos como "negros". São ganeses, nigerianos, quenianos etc.)

Inúmeros estudos médicos e científicos foram dedicados a essa questão (supondo que seja uma questão): a que tipo de espécie pertencem as pessoas negras e que características elas possuem. A linguagem inventada por esses investigadores no século XIX para diversos "distúrbios", como já vimos, é espantosa: *dysaesthesia aethiopica* (pilantragem em negros livres e escravizados), "drapetomania" (uma tendência entre os escravizados para fugir do cativeiro). Esses termos certamente contribuíram para o racismo e seu alastramento, e mesmo hoje em dia nós não lhes damos a devida atenção. (O que seríamos ou faríamos ou em que nos transformaríamos como sociedade caso não existisse um ranqueamento ou uma teoria da negritude?)

Uma vez a negritude aceita como social, política e medicamente definida, como essa definição afeta as pessoas negras?

Já observamos o crescimento das cidades negras, portos seguros e prósperos o mais afastados possível das pessoas brancas. Como devia ser a vida dos moradores negros, que viviam num mundo cercado de hostilidade e ameaças de morte? De fato, qual era exatamente a segurança que eles tinham, considerando o que sabiam sobre o mundo à sua volta? Falei anteriormente que, das cerca de cinquenta cidades negras fundadas em Oklahoma entre 1865 e 1920, umas treze ainda existem. Nas cerca de trinta e sete que não existem mais, os moradores talvez tenham testemunhado em primeira mão o motivo que os levou originalmente a fugir, e se perguntado outra vez quanto valia uma vida negra. Certamente se estivessem vivos em 1946.

Os Estados Unidos do século xx não tinham se afastado da eugenia, tampouco houvera uma diminuição significativa dos linchamentos. Fotos de cadáveres negros cercados por espectadores brancos felizes eram publicadas, e postais de linchamentos eram um artigo requisitado.

O medo que as pessoas negras sentiam não era uma fantasia nem uma patologia.

Foi em 1946 que Isaac Woodard, um veterano negro ainda de uniforme, saltou de um ônibus da empresa Greyhound na Carolina do Sul. Ele estava voltando para a Carolina do Norte para encontrar a família. Acabara de passar quatro anos no Exército, no teatro de operações do Pacífico (onde foi promovido a sargento) e no Pacífico asiático (onde ganhou uma medalha de campanha, uma Medalha da Vitória da Segunda Guerra Mundial, e a Medalha de Boa Conduta). Quando o ônibus parou para que os passageiros descansassem, ele perguntou ao motorista se havia tempo para usar o banheiro. Os dois discutiram, mas ele pôde usar as instalações. Mais tarde, quando o ônibus parou em Batesburg, na Carolina do Sul, o motorista chamou a polícia para que o sargento Woodard fosse retirado (aparentemente por ter ido ao banheiro). O chefe de polícia, Linwood Shull, levou Woodard até um beco nas proximidades, onde ele e vários outros agentes o espancaram com seus cassetetes. Ele então foi levado para a cadeia e preso por arruaça. Durante a noite na prisão, o chefe da polícia espancou Woodard com um cassetete e arrancou seus olhos. Na manhã seguinte, o sargento compareceu diante do juiz local, que o considerou culpado e lhe impôs uma multa de cinquenta dólares. Woodard solicitou assistência médica, e dois dias depois foi atendido. Enquanto isso, sem saber onde estava e sofrendo de amnésia branda, foi conduzido a um hospital em Aiken, na Carolina do Sul. Três semanas depois de a família notificar seu desaparecimento, ele foi localizado e levado às pressas para um hospital militar em Spartanburg. Ambos os seus olhos permaneciam irremediavelmente danificados. Mesmo cego, ele viveu até 1992, quando morreu aos 73 anos. Após trinta minutos de deliberação, o chefe de polícia Shull foi inocentado de todas as acusações sob fortes aplausos de um júri inteiramente branco.

O motivo pelo qual esse ataque e a cobertura que ele teve da NAACP [sigla em inglês para Associação Nacional para o Progresso das Pessoas de Cor] e outras organizações chamaram a atenção do presidente Truman, enquanto tantos outros não o fizeram, pode ser atribuído às medalhas que a vítima carregava no uniforme, e que informavam suas mobilizações nos campos de batalha e suas condecorações.

O que aquelas cidades negras poderiam temer? Isaac Woodard não estava sozinho.

Permitam-me citar apenas um pequeno apanhado dos linchamentos ocorridos no século xx:

Ed Johnson, 1906 (linchado na ponte de Walnut Street em Chattanooga, Tennessee, por uma turba que arrombou a cadeia após a concessão de um adiamento da sua execução).

Laura e L.D. Nelson, 1911 (mãe e filho, acusados de assassinato, raptados de sua cela e enforcados numa ponte ferroviária perto de Okemah, Oklahoma).

Elias Clayton, Elmer Jackson e Isaac McGhie, 1920 (três funcionários de um circo acusados de estupro sem qualquer prova, linchados em Duluth, Minnesota; seus assassinos não sofreram punição alguma).

Raymond Gunn, 1931 (acusado de estupro e assassinato, encharcado de gasolina e queimado vivo por uma turba em Maryville, Missouri).

Cordie Cheek, 1933 (linchado e mutilado por uma turba em Maury, Tennessee, ao ser solto da prisão depois de ter sido falsamente acusado de estupro).

Booker Spicely, 1944 (morto a tiros por um motorista de ônibus em Durham, Carolina do Norte, após se recusar a ir mais para os fundos do coletivo).

Maceo Snipes, 1946 (arrancado de casa no Condado de Taylor, Geórgia, e morto a tiros por ter votado nas Primárias Democratas da Geórgia; um cartaz pendurado numa igreja negra nas redondezas dizia: O PRIMEIRO PRETO A VOTAR NUNCA MAIS VAI VOTAR NA VIDA).

Lamar Smith, 1955 (figura do movimento pelos direitos civis, morto a tiros no gramado do Tribunal do Condado de Lincoln em Brookhaven, Mississippi).

Emmett Till, 1955 (aos 14 anos de idade, espancado e morto a tiros em Money, Mississippi, após ter supostamente flertado com uma mulher branca, que depois confessou ter mentido sobre o encontro).

Esses são apenas alguns entre muitos, muitos outros, todos terríveis, mas são representativos, acho eu, das circunstâncias, do verdadeiro perigo para os negros (não mais escravizados) no século xx.

Assim, eles fugiam para terras "livres", e estabeleciam sua própria hierarquia da cor, classificando a pele negra mais escura, o "negro azul", como um sinal definitivo de aceitabilidade. Essa é, de todo modo, a premissa do meu romance *Paraíso*, que trata da remota (e fictícia) cidade integralmente negra de Ruby, Oklahoma, onde não há "nada de útil para um viajante: nem restaurante, nem polícia, nem posto de gasolina, nem telefone público, nem cinema, nem hospital".

A codificação de cor entre os próprios negros, a ameaça de ser mandado embora por membros da própria raça, bem como a grave possibilidade de ser brutalizado da mesma forma e pelo mesmo não motivo que Isaac Woodard, foram as realidades que motivaram os fundadores de muitas cidades negras. Em *Paraíso*, imaginei uma distopia às avessas: um aprofundamento da definição de "negro" e uma busca de sua pureza como um desafio à eugenia da pureza "branca", e em especial da regra "Venha preparado ou nem venha", que excluiria muitos, muitos negros pobres fugidos apenas com a roupa do corpo.

Qual poderia ser a justificativa e o sucesso de uma cidade exclusivamente negra que enfatizava seus próprios padrões de pureza? Em *Paraíso*, eu quis reconfigurar a negritude.

Quis rastrear a exigência de pureza e a reação dos habitantes da cidade quando a pureza negra era ameaçada pelo menos importante ou pelo impuro.

Em *Paraíso*, brinquei com esses conceitos de negritude, conceitos confusos e propensos a confundir. Comecei logo na abertura, que acena com raça, pureza e violência: "Eles atiram na branca primeiro. Com o resto podem demorar". Da mesma forma que a "garota branca" nunca é identificada, nenhum dos assassinos é nomeado no ataque inicial. Os homens que cometem os crimes são um filho, ou sobrinho, ou irmão, tio, amigo, cunhado, mas sem nomes de verdade.

Após esse anonimato proposital, cada um dos capítulos que se seguem é intitulado com um nome de mulher: Mavis, Grace, Seneca, Divine, Patricia, Consolata, Lone e Save-Marie, sem identificar sua "raça".

Eu estava ansiosa para ao mesmo tempo neutralizar e teatralizar a raça, mostrando, esperava eu, quanto esse construto era móvel e irremediavelmente insignificante. O que mais se sabe sobre essas personagens, de verdade, quando se conhece a sua raça? Alguma coisa?

As ameaças do mundo "exterior" a Ruby e a familiaridade dos moradores da cidade com o perigo que enfrentam por serem negros definem sua determinação de construir uma cidade negra racialmente pura que eles possam controlar e defender:

Dez gerações sabiam bem o que havia lá fora: o espaço, antes receptivo e livre, tornara-se imprevisível e agitado; tornara-se um vazio onde o mal, caótico ou organizado, irrompia onde e quando bem entendia, por trás de qualquer árvore, por trás da porta de qualquer casa, humilde ou grande. Lá, onde seus filhos eram caça, suas mulheres presas, e onde sua própria pessoa podia ser anulada; onde congregações iam à igreja com armas e havia cordas penduradas de todas as selas. Lá, onde qualquer grupo de homens brancos parecia um esquadrão, estar sozinho era estar morto. Mas nas últimas três gerações as lições para a proteção da cidade tinham sido aprendidas e reaprendidas. E assim como os ex-escravos tinham sabido o que era mais importante [...]. Antes da primeira luz de meados de agosto, quinze famílias se mudaram [...] indo não para Muskogee ou para a Califórnia, como outras tinham ido, nem para Saint Louis, Houston, Langston ou Chicago, mas mergulhando mais fundo em Oklahoma [...]

Os irmãos Morgan controlam a cidade que ajudaram a fundar, que batizam de Ruby em homenagem à irmã morta pouco antes. Apesar de seu poder local e ameaças, contudo, conflitos profundos e graves existem entre os moradores. Um dos mais perturbadores é a questão do que diz o entalhe (ao qual falta a primeira letra) de seu precioso forno comunitário, fabricado pelos Velhos Pais e levado para Ruby. Será "Seja o sulco em sua fronte"? Ou, como insistem os jovens, "Nós somos o sulco em sua fronte"? Ou mesmo "As mulheres são o sulco em sua fronte"? E simultaneamente a relacionamentos sexuais malvistos com forasteiros, existe uma divisão religiosa fundamental. Os sermões do reverendo Pulliam, um pastor conservador arrogante, ilustram uma das divisões da cidade. O sermão que ele faz num casamento é uma amostra:

Escutem o que vou lhes dizer sobre o amor, essa palavra boba que acreditamos indicar que gostamos de alguém ou que alguém gosta de nós, ou que podemos suportar alguém para conseguir alguma coisa ou chegar a algum lugar que desejamos, ou então acreditamos que amor é a maneira como nosso corpo reage ao corpo do outro, como se fôssemos um pássaro, ou um bisão. Ou quem sabe acreditamos que amor é o jeito da energia ou da natureza ou da sorte ser boa conosco em particular, sem nos machucar ou matar a não ser em nosso próprio benefício.

O amor não é nada disso. Não existe nada parecido com o amor na natureza. Nem no pássaro, nem no bisão, nem no rabo abanando de seus cachorros de caça, nem nos botões das flores, nem nos filhotes no ninho. O amor é apenas divino, e difícil sempre. Se você acha que é fácil é porque é tolo. Se acha que é natural, você é cego. É uma utilidade aprendida sem nenhuma razão, nem motivo, a não ser que seja Deus.

Amor não é coisa que se mereça independentemente do sofrimento que se suportou. Que se mereça porque alguém nos maltratou. Que se mereça só porque se deseja. Através da prática da cautelosa contemplação, conquista-se apenas o direito de expressar amor, e temos que aprender a aceitar o amor. O que quer dizer que temos que conquistar Deus. Temos que praticar Deus. Temos que pensar Deus, cuidadosamente. E se formos estudantes aplicados e bons podemos garantir nosso direito de demonstrar o amor. O amor não é um dom. É um diploma. Um diploma que confere certos privilégios: o privilégio de expressar amor e o privilégio de receber amor.

Como você sabe que se formou? Você não sabe. O que você sabe, isso sim, é que é humano e portanto educável, e portanto capaz de aprender a aprender, e portanto interessante a Deus, que só está interessado é Nele mesmo, o que quer dizer que Ele só está interessado no amor. Estão me entendendo? Deus não está interessado em vocês. Ele está interessado no amor e na plenitude que o amor traz para aqueles que entendem e participam desse interesse. [...]

O oposto dessa visão de Deus é articulado pelo reverendo Misner, o pastor progressista que celebra o casamento, para quem o amor é "respeito sem motivação: tudo indicava não um Senhor carrancudo que era o Seu próprio amor, mas um que possibilitava o amor humano. Não para Sua própria glória, jamais. Deus amou o modo como os humanos amaram uns aos outros; amou o modo como os humanos amaram a si mesmos; amou o gênio na cruz que conseguiu fazer as duas coisas e morrer sabendo disso". Num protesto silencioso contra o "veneno" de Pulliam, Misner levanta uma cruz diante da congregação e pensa:

Estão vendo? A execução desse negro solitário pendurado nestas duas linhas que se interceptam e às quais está pregado como numa paródia de abraço humano, atado a dois grandes paus que eram tão convenientes, tão reconhecíveis, tão gravados na consciência *enquanto consciência*, sendo ao mesmo tempo comum e sublime. Estão vendo? A cabeça confusa sucessivamente se empinando no pescoço e caindo para o peito, o brilho da pele de meia-noite diminuído pelo pó, lanhado de fel, sujo de saliva e urina, derretido no vento quente e seco, e, finalmente, quando o sol se escondeu de vergonha, quando sua carne se combinou ao estranho apagar da luz da tarde como se fosse noite, sempre súbito naquele clima, engolindo a ele e a outros réus do corredor da morte, e a silhueta desse signo original fundiu-se ao falso céu noturno. Vejam como esse assassinato oficial, entre centenas de outros, marcou uma diferença; transformou a relação entre Deus e homem de uma relação entre Diretor-Presidente e postulante para uma relação cara a cara. A cruz que ele segurava era abstrata; o corpo ausente era real, mas ambos se combinavam para puxar os seres humanos dos fundos do palco para a luz da cena, do murmúrio na coxia para o papel principal na história de suas próprias vidas. Essa execução tornou possível na história de suas próprias vidas. Essa execução tornou possível respeitar a si mesmo e um ao outro com liberdade, não com medo. [...]

Os conflitos em Ruby aumentam, tanto que os homens (alguns deles) precisam desesperadamente encontrar um inimigo para expurgar e destruir o mal e a perturbação em sua comunidade. As mulheres de um antigo convento próximo, nos arredores da cidade, cumprem lindamente esse objetivo.

É claro que essas mulheres, um apanhado de desajustadas e fugitivas, não são santas tranquilas. Elas discordam em relação a praticamente tudo, exceto em seu afeto pela última moradora do convento, uma velha beberrona chamada Consolata que acolhe todas. Antes da violência que os homens de Ruby infligem às mulheres, Consolata exige um extraordinário ritual chamado "sonho alto", que purifica e empodera cada uma das mulheres do convento. Tarde demais. Os homens de Ruby atacam.

Em meio a toda essa luta, a todo esse caos e ao conflito indestrutível causado pela distribuição de poder dentro das classificações de raça e gênero, eu esperava chamar a atenção para indivíduos específicos que estão tentando fugir da violência e mitigar os próprios fracassos, uma narrativa por vez. Individualmente, de um para um.

A obra, ou meu objetivo ao escrevê-la, me lembra algo que vivenciei anos atrás na Bienal de Viena. Em uma das obras de arte expostas, pediram-me para entrar num recinto escuro e ficar de frente para um espelho. Dali a poucos segundos surgia uma figura, que aos poucos ia tomando forma e vindo na minha direção. Uma mulher. Quando ela (ou melhor, sua imagem) chegava perto de mim, tinha a mesma altura que eu, encostava a palma da mão no vidro, e eu era instruída a fazer o mesmo. Ficávamos ali, frente a frente, sem dizer nada, encarando no fundo dos olhos uma da outra. Aos poucos a figura ia se apagando e diminuindo até desaparecer por completo. Outra mulher aparecia. Repetíamos o gesto de encostar as palmas das mãos e encarar a outra nos olhos. Isso continuou por algum tempo. Cada mulher tinha uma idade, um tipo de corpo, uma cor e roupas diferentes. Devo dizer que foi extraordinário, essa intimidade toda com uma desconhecida. Silenciosa, consciente. Aceitando uma à outra, de uma para outra.

5. Narrar o outro

Passei muitos anos trabalhando como editora sênior na Random House — cerca de dezenove anos — decidida a incluir no catálogo da editora tantos excelentes escritores afro-americanos quanto fosse possível.

Vários dos projetos que apresentei ao meu comitê editorial foram aprovados: livros de Toni Cade Bambara, Angela Davis, Gayl Jones e Huey Newton, entre outros. Tirando a biografia de Muhammad Ali, as vendas foram inexpressivas. O assunto surgiu certo dia numa reunião de vendas, quando um vendedor regional disse que não dava para vender livros "dos dois lados da rua". O que ele queria dizer era que as pessoas brancas compravam a maioria dos livros e os negros compravam menos, se é que compravam.

Pensei comigo mesma: bem, e se eu publicasse um livro bom o bastante, atraente o bastante para capturar a atenção das pessoas negras? Então comecei a imaginar o que viria a se transformar em *The Black Book* [O livro negro], elegante livro ilustrado composto por fotos, letras de músicas, patentes de invenções de autoria de negros, recortes de imprensa, cartazes publicitários, tudo o que fosse relacionado à história e à cultura afro-americanas, tanto o terrível e horrendo quanto o belo e triunfante. O material teve diversas origens, mas sobretudo colecionadores que possuíam caixas e arquivos sobre história americana e afro-americana.

Dentre os materiais que coletei havia um recorte de jornal com o intrigante título UMA VISITA À MÃE ESCRAVA QUE MATOU A FILHA. O artigo foi publicado na edição de 12 de fevereiro de 1856 de *American Baptist* pelo reverendo P.S. Bassett, do Seminário Teológico de Fairmount, em Cincinnati, Ohio, que considerava seu dever orar com prisioneiros. Margaret Garner, a mãe, e membros da sua família tinham deixado o Kentucky, onde eram escravizados, e fugido para o estado livre de Ohio. O encontro de Bassett com Margaret Garner foi assim descrito:

No último domingo, após pregar na prisão da cidade de Cincinnati graças à generosidade do vice-xerife, tive permissão para visitar os aposentos dessa desafortunada mulher com relação à qual tem havido tanta agitação nas duas últimas semanas.

Encontrei-a com um bebê de poucos meses no colo, e observei que a criança tinha um grande [hematoma] na testa. Perguntei o motivo do ferimento. Ela então me fez um relato detalhado da própria tentativa de matar os filhos.

Segundo ela, quando os policiais e caçadores de escravos chegaram à casa em que estavam escondidos, ela pegou uma pá e bateu na cabeça de dois de seus filhos, em seguida pegou uma faca e degolou a terceira, e tentou matar a outra; se tivessem lhe dado tempo teria matado todos eles, pois em relação a si mesma pouco se importava, mas não queria ver os filhos sofrerem como ela havia sofrido.

Perguntei se ela não estava alterada quase às raias da loucura quando cometeu o ato. Não, respondeu ela, eu estava tão calma quanto estou agora; e preferiria muito matá-los depressa e assim acabar com seu sofrimento a vê-los serem levados de volta à escravidão e assassinados aos poucos. Então ela contou a história de suas agruras. Falou sobre seus dias de sofrimento e as noites de trabalho incessante enquanto lágrimas amargas rolavam por sua face e caíam sobre o rosto da criança inocente que tinha o semblante erguido e sorria, sem consciência do perigo e do provável sofrimento que a aguardavam.

Enquanto eu ouvia os fatos e testemunhava a angústia patente em sua atitude, pude apenas exclamar, ah, como é terrível o poder irresponsável quando exercido sobre seres inteligentes! Ela se refere à filha que matou como estando livre de qualquer aflição e tristeza com um grau de satisfação que faz o sangue quase gelar nas veias. Apesar disso, é evidente que tem em si toda a ternura e o arrebatamento do amor materno. Ela tem cerca de vinte e cinco anos de idade e parece possuir uma quantidade normal de gentileza, com um intelecto vigoroso e grande força de caráter.

Os dois homens e as outras duas crianças estavam em outros aposentos, mas a sogra se encontrava no mesmo recinto que ela. [A sogra] diz que é mãe de oito filhos, a maioria dos quais foi separada dela; que o marido uma vez já passou vinte e cinco anos longe dela, e que durante todo esse tempo ela não o viu; que, se pudesse ter evitado, jamais lhe teria permitido voltar, pois não queria que ele testemunhasse o seu sofrimento ou que fosse exposto ao tratamento brutal que iria receber.

Ela afirma ter sido uma criada fiel; e que na velhice não teria tentado obter sua liberdade; mas, como ficou fraca e menos capaz de trabalhar, seu dono se tornou cada vez mais exigente e brutal em seu tratamento, até que ela não pôde mais suportar; que esse fato só poderia resultar em morte, no pior dos casos, e que portanto ela fizera a tentativa.

Ela testemunhou o assassinato da criança, mas disse não ter encorajado nem desencorajado a nora, pois em circunstâncias semelhantes provavelmente teria feito a mesma coisa. A velha tem entre sessenta e setenta anos de idade, foi professora universitária de religião por cerca de vinte anos, e fala com grande emoção sobre o dia em que será libertada do poder do opressor e irá morar com o Salvador, "onde os maus param de atormentar e os exaustos podem descansar".

Esses escravos (até onde fui informado) moraram a vida inteira num raio de vinte e cinco quilômetros de Cincinnati. Ouvimos dizer com frequência que a escravidão no Kentucky é muito inocente. Se esses são seus frutos onde ela existe numa forma branda, alguém quer nos dizer o que podemos esperar de seus aspectos mais objetáveis? Mas comentários são desnecessários.

As observações que me chamaram a atenção nessa matéria foram: (1) a incapacidade da sogra de condenar ou aprovar o infanticídio; e (2) a serenidade de Margaret Garner.

Como alguns de meus leitores sabem, a história de Margaret Garner foi a origem do meu romance *Amada* (1987). Alguns anos depois de publicado o romance, foi lançada uma biografia da verdadeira Margaret Garner. Seu título é *Modern Medea: A Family Story of Slavery and Child-Murder from the Old South* [Medeia Moderna: Uma história familiar de escravidão e infanticídio do Antigo Sul], de Steven Weisenburger. Enquanto o livro do sr. Weisenburger faz referência à história clássica de uma mulher rejeitada que matou os filhos como um ato de vingança contra seu pai infiel, minha narrativa é sobre o compreensível *versus* o ato selvagem de assassinar uma criança.

A biografia de Weisenburger é um exame completo dos fatos relacionados aos atos de Margaret Garner e suas consequências, fatos sobre os quais eu pouco ou nada sabia e que decidi propositadamente não investigar mesmo que tivesse tido a oportunidade, coisa que não tive. Quis me apoiar inteiramente na minha própria imaginação. Meu principal interesse era compreender a incapacidade da sogra de condenar a nora por assassinato.

Imaginando qual poderia ser enfim sua resposta, concluí que a única pessoa com o direito inquestionável de julgar era a própria criança morta, que batizei com a única palavra que sua mãe poderia ter se dado ao luxo de mandar gravar em seu túmulo, Amada. É claro que modifiquei nomes, criei personagens, eliminei personagens e encolhi outros (como Robert, por exemplo, o marido de Margaret Garner), e ignorei por completo o julgamento (que durou meses, foi controverso, e deixou em polvorosa os abolicionistas, que transformaram Garner em *cause célèbre* ao tentarem fazer com que ela fosse acusada de assassinato numa tentativa de derrubar a Lei do Escravo Foragido de 1850). E de toda forma, se eu tivesse sabido, teria ignorado o fato de vários de seus filhos serem de raça mista, sinal claro de que seu dono a estuprava, e facilmente, uma vez que o marido era muitas vezes afastado para trabalhar em

113

outras fazendas. Dei-lhe uma filha sobrevivente, cujo parto foi auxiliado por uma moça branca, ela própria escravizada foragida, cuja empatia tinha por base o gênero, não a raça. Imaginei Sethe, nome com o qual batizei a mãe, fugindo sozinha. Inseri uma filha morta capaz de falar e pensar, cujo impacto — e cujo aparecimento e desaparecimento — poderia funcionar como o dano gótico da escravidão. E dei à sogra (Baby Suggs) um papel decisivo no ato de suportar a escravidão como uma pregadora que não frequenta a igreja e escolheu a própria vocação. E esperava conseguir explicar sua relutância em condenar a nora com sua fé e seu compromisso de amá-la em seu sermão.

Eis aqui parte dele, do sermão proferido por Baby Suggs na clareira da floresta:

"Aqui", dizia ela, "aqui neste lugar, nós somos carne; carne que chora, ri; carne que dança descalça na relva. Amem isso. Amem forte. Lá fora não amam a sua carne. Desprezam a sua carne. Não amam seus olhos; são capazes de arrancar fora os seus olhos. Como também não amam a pele de suas costas. Lá eles descem o chicote nela. E, ah, meu povo, eles não amam as suas mãos. Essas que eles só usam, amarram, prendem, cortam fora e deixam vazias. Amem suas mãos! Amem. Levantem e beijem suas mãos. Toquem outros com elas, toquem uma na outra, esfreguem no rosto, porque eles não amam isso também. Vocês têm de amar, vocês! E não, eles não amam a sua boca. Lá, lá fora, eles vão cuidar de quebrar sua boca e quebrar de novo. O que sai de sua boca eles não vão ouvir. O que vocês gritam com ela eles não ouvem. O que vocês põem nela para nutrir seu corpo eles vão arrancar de vocês e dar no lugar os restos deles. Não, eles não amam sua boca. Vocês têm de amar. [...] E, ah, meu povo, lá fora, escutem bem, não amam o seu pescoço sem laço, e ereto. Então amem seu pescoço; ponham a mão nele, agradem, alisem e endireitem bem. E todas as suas partes de dentro que eles são capazes de jogar para os porcos, vocês têm de amar. O fígado escuro, escuro — amem, amem e o bater do batente coração, amem também. Mais que olhos e pés. Mais que os pulmões que ainda vão ter de respirar ar livre. Mais que seu útero guardador da vida e suas partes doadoras de vida, me escutem bem, amem seu coração. Porque esse é o prêmio."

Melhorei a vida da filha sobrevivente e a chamei de Denver, em homenagem à moça branca que ajudou sua mãe a dar à luz, e explorei como foi sua vida morando com a mãe que havia matado a irmã, mas com o amparo emocional e literal da avó e dos vizinhos, o suficiente para lhe dar coragem e tornar possível que ela prosperasse.

Criei minha própria versão do final, que optei por tornar esperançoso, ao contrário do triste, perturbador e verdadeiro fim da vida de Margaret Garner. Rebatizada e redesenhada como Sethe, minha mãe escravizada é incentivada a enfim pensar, e até mesmo saber, que pode ser um ser humano digno de valor apesar do que aconteceu com ela e com sua filha. "Ela era a minha melhor coisa", declara Sethe a Paul D., referindo-se a Amada. Ele responde não, "Você é a melhor coisa que existe, Sethe. Você é." Ao que ela questiona: "Eu? Eu?". Sethe não tem certeza, mas pelo menos a ideia lhe interessa. De modo que existe uma possibilidade de união, de paz, de não precisar se arrepender.

Esse final, claro, não foi a última palavra. Esta teria de pertencer à Outra, a motivadora principal, o motivo da existência do romance, a própria Amada:

Existe uma solidão que pode ser embalada. Braços cruzados, joelhos encolhidos; contendo,

contendo mais, esse movimento, diferente do de um navio, acalma e contém o embalador. É uma coisa interna — que envolve, justa como a pele. Depois, existe a solidão que vaga. Nenhum embalo pode contê-la. Ela é viva, independente. Uma coisa seca e espalhada que faz o som dos próprios pés da pessoa indo parecer vir de um lugar distante.

Todo mundo sabia como ela se chamava, mas ninguém sabia seu nome. Desmemoriada e inexplicada, ela não pode se perder porque ninguém está procurando por ela, e, mesmo que estivessem, como poderiam chamá-la se não sabem seu nome? Embora ela tenha querência, não é querida. No lugar onde a grama alta se abre, a garota que esperava ser amada e clamar vergonha explode em suas partes separadas, para facilitar à risada devoradora engoli-la inteira.

Não era uma história para passar adiante.

Então a esqueceram. Como um sonho desagradável durante um sono agitado. De vez em quando, porém, o farfalhar de uma saia soa quando acordam, e os nós dos dedos que roçam uma face no sono parecem pertencer a quem dorme. Às vezes, a fotografia de um amigo próximo ou parente — quando olhada por muito tempo — muda, e alguma coisa mais familiar que a face querida em si ali se instala. Podem tocar aquilo se quiserem, mas não tocam, porque sabem que as coisas nunca mais serão as mesmas se tocarem.

Esta não é uma história para passar adiante.

Lá no ribeirão nos fundos do 124, as pegadas dela vêm e vão, vêm e vão. São tão conhecidas. Se uma criança, um adulto colocar o pé nela, encaixará. Tira-se o pé e elas desaparecem de novo como se ninguém tivesse andado ali.

Pouco a pouco todo traço desaparece, e o que é esquecido não são apenas as pegadas, mas a água também e o que há lá embaixo. O resto é o clima. Não o alento da desmembrada e inexplicada, mas o vento nos beirais, ou o gelo da primavera derretendo depressa demais. Apenas o clima. Certamente não o clamor por um beijo.

Amada.

O desfecho do julgamento em si eu conhecia: na verdade, julgou-se que a mãe escravizada não tinha nenhuma responsabilidade legal pela morte da filha (caso considerada responsável, ela teria sido condenada à morte), já que o juiz da Corte Federal Distrital interveio para decidir que a Lei do Escravo Foragido devia ter precedência. Margaret Garner era portanto, pela lei, um bem, assim como seus filhos, que de modo algum lhe pertenciam, pois eram mercadorias que podiam ser vendidas, e de fato o eram com regularidade. Ou seja, Garner acabou sendo considerada não um ser humano com responsabilidades humanas, como a maternidade, mas um animal a ser vendido como se fosse gado. Fosse como fosse, ela estava condenada: à morte precoce como assassina, ou à morte lenta como escravizada brutalizada. Na realidade, como o sr. Weisenburger descobriu, ela foi mandada de volta para o Sul e lá viveu como escravizada até morrer de febre tifoide, em 1858.

Por mais fascinante que seja a história da verdadeira Margaret Garner, o elemento central do romance é a menina assassinada. Imaginá-la foi para mim a alma e a matéria da arte.

A ficção narrativa proporciona uma selva controlada, uma oportunidade de ser e de se tornar o Outro. O estrangeiro. Com empatia, clareza e o risco de uma autoinvestigação. Nessa experiência muitas vezes repetida, para mim, autora, a menina Amada, aquela que assombra, é a essência do Outro. Clamando, eternamente clamando por um beijo.

6. O lar do estrangeiro

Excetuando-se o auge do tráfico de escravizados no século XIX, o movimento de massas de pessoas na segunda metade do século XX e no início do XXI é o maior que já se viu. Um movimento de trabalhadores, intelectuais, refugiados e imigrantes que atravessam oceanos e continentes por postos de alfândega ou a bordo de embarcações precárias, falando diversas línguas: de comércio, intervenção política, perseguição, guerra, violência e pobreza. Há pouca dúvida de que a redistribuição (voluntária e involuntária) de pessoas por todo o globo tem alta prioridade na agenda do Estado, dos conselhos, dos bairros, da rua. Manobras políticas para controlar essa movimentação não se limitam ao monitoramento dos despossuídos e/ou a torná-los reféns. Grande parte desse êxodo pode ser descrita como a jornada dos colonizados em direção à sede dos colonizadores (como se fossem escravizados deixando a fazenda e rumando para a casa do senhor), enquanto outra parte se deve à fuga de refugiados de guerra e (um pouco menos) à relocalização e ao transplante da classe administrativa e diplomática para os postos avançados da globalização. A implantação de bases militares e o envio de novas unidades militares aparecem com proeminência nas tentativas legislativas de controlar o fluxo constante de pessoas.

O espetáculo da movimentação das massas inevitavelmente atrai a atenção para as fronteiras, os pontos vulneráveis em que o conceito de lar é visto como ameaçado pela existência de estrangeiros. Boa parte do alarme que paira ao redor das fronteiras e dos portões me parece incentivada (1) tanto pela ameaça quanto pela promessa da globalização; e (2) uma relação incômoda com nossa própria estranheza, nossa própria sensação de pertencimento em rápida desintegração.

Deixem-me começar com a globalização. De acordo com nossa compreensão atual, a globalização não é uma versão do formato novecentista "Britannia Rules" [Britânia no comando], embora as perturbações pós-coloniais reflitam e lembrem o domínio que uma nação (a Grã-Bretanha) exercia então sobre a maioria das outras. A palavra "globalização" não tem na sua agenda o "trabalhadores do mundo, uni-vos" do antigo internacionalismo proletário, embora tenha sido exatamente essa palavra, "internacionalismo", que o hoje ex-presidente da AFL-CIO [a maior federação de sindicatos dos Estados Unidos], John Sweeney, usou no Conselho Executivo de Diretores Sindicais ao falar sobre a necessidade de os sindicatos norte-americanos "construírem um novo internacionalismo". Essa globalização tampouco é a mesma do apetite do pós-guerra por "um mundo único", a retórica que moveu e atormentou os anos 1950 e deu origem às Nações Unidas. Tampouco é o "universalismo" dos anos 1960 e 1970, quer como apelo à paz mundial ou como insistência na hegemonia cultural. "Império", "internacionalismo", "um mundo único", "universal": todas parecem ser menos categorias de tendências históricas e mais anseios. Anseios de impor à terra algum arremedo de unidade e alguma medida de controle, ou de conceber o destino humano do planeta como derivado da ideologia de uma constelação de nações. A globalização tem os mesmos desejos e anseios de suas predecessoras. Ela também se julga historicamente utópica e predestinada ao progresso, aprimoramento e unificação. Definida de modo restrito, significa a livre circulação de capitais e a rápida distribuição de informações e produtos que ocorre dentro de um ambiente politicamente neutro gerado pelas demandas corporativas multinacionais. Suas conotações mais amplas, contudo, são menos inocentes, uma vez que abarcam não apenas a demonização das nações submetidas a embargos ou a mescla de banalização e negociação com chefes de guerra e políticos corruptos, mas também o colapso de Estados-nações sob o peso da economia, do capital e da mão de obra transnacionais; a proeminência da cultura e da economia ocidentais; e a americanização do mundo desenvolvido e em desenvolvimento por meio da penetração das culturas dos Estados Unidos no Ocidente graças à moda, ao cinema, à música e à gastronomia.

A globalização, anunciada com o mesmo vigor com que já o tinham sido o destino manifesto, o internacionalismo e outros, alcançou um nível majestático em nossa imaginação. Apesar de todas as suas alegações de promover a liberdade e a igualdade, as concessões da globalização são régias. Pois ela pode conceder muito e também muito negar em matéria de alcance (através de fronteiras), em termos de massa (a simples quantidade de pessoas afetadas positiva ou negativamente), em termos de velocidade (o surgimento de novas tecnologias) e em termos de riquezas (a exploração de recursos limitada apenas por um planeta finito e incontáveis mercadorias e serviços a serem exportados e importados). No entanto, por mais que o globalismo seja objeto de uma adoração quase messiânica, ele também é visto como um mal que gera o risco de uma perigosa distopia. Tememos seu desprezo pelas fronteiras, pelas infraestruturas nacionais, pelas burocracias locais, pelos censores da internet, por tarifas, leis e idiomas; seu descaso pelas margens e pelos indivíduos marginalizados; sua capacidade formidável e avassaladora de acelerar o apagamento, em um aplainamento de diferenças importantes. Apesar de nossa ojeriza pela diversidade, imaginamos num futuro próximo a eliminação de todos os idiomas e culturas minoritárias, sem distinções. Ou então especulamos horrorizados qual poderia ser a irrevogável alteração dos idiomas e culturas importantes na esteira da globalização.

Dentre as numerosas razões e necessidades do movimento de massas de pessoas, a primeira de todas é a guerra. Estima-se que, quando forem divulgados os números definitivos dos deslocados, aqueles que fogem de perseguições, conflitos e violência generalizada no mundo atual (incluindo refugiados, pessoas que solicitam asilo e aquelas que se deslocam internamente), a soma ultrapassará em muito os sessenta milhões. Sessenta milhões de pessoas. E metade dos refugiados é de crianças. Eu desconheço o número de mortos.

Mesmo que nossos piores temores em relação ao futuro não se tornem totalmente reais, eles ainda assim anulam a garantia de uma vida melhor dada pela globalização ao divulgar graves alertas sobre uma prematura morte cultural.

Quero mais uma vez usar a literatura para comentar sobre a maldição (o veneno) daquilo que é estrangeiro. Mais especificamente, quero examinar um romance escrito na década de 1950 por um autor ganense para abordar o seguinte dilema: o borrão entre dentro e fora que pode entronizar fronteiras e limites, reais, metafóricos e psicológicos, enquanto lutamos com definições de nação, Estado e cidadania, bem como com os problemas persistentes do racismo e das relações de raça, e com o chamado choque de culturas em nossa busca por pertencimento.

Os autores africanos e afro-americanos não são os únicos a se debruçar sobre esses problemas, mas têm um longo e singular histórico de confrontos com eles. De não se sentirem em casa no próprio país; de estarem exilados no lugar ao qual deveriam pertencer.

Antes de discutir esse romance, quero descrever algo da minha infância que precedeu em muito minha leitura da literatura africana, mas mesmo assim incentivou minha excursão rumo àquilo que aflige as definições contemporâneas do estrangeiro.

Aos domingos, na igreja, pratinhos para oferendas forrados de veludo circulavam pelos bancos. O último era o menor de todos, e o mais propenso a ser deixado vazio. Sua posição e tamanho sinalizavam as expectativas obedientes, porém limitadas, que caracterizavam quase tudo nos anos 1930. As moedas salpicadas ali, nunca notas em papel, eram em sua maioria de crianças incentivadas a doar seus trocados à obra de caridade tão necessária para a redenção, para a salvação da África. Embora a sonoridade do nome África fosse bela, ela vinha carregada de complicadas emoções às quais ele estava associado. Ao contrário da faminta China, a África era ao mesmo tempo nossa e deles, intimamente conectada a nós e profundamente estrangeira. Uma vasta e necessitada terra-mãe à qual se dizia que pertencíamos, mas que nenhum de nós jamais vira ou quisera ver, habitada por pessoas com as quais mantínhamos uma delicada relação de ignorância e indiferença, e com as quais compartilhávamos uma mesma mitologia de Outremização passiva e traumática cultivada em livros escolares, filmes, quadrinhos, e nos palavrões hostis que as crianças aprendem a amar.

Mais tarde, quando comecei a ler livros de ficção ambientados na África, descobri que, salvo poucas exceções, cada sucessiva narrativa explorava e amplificava a mesma mitologia que acompanhava aqueles pratinhos de veludo a flutuar por entre os bancos da igreja. Para Joyce Cary, Elspeth Huxley, H. Rider Haggard, a África era exatamente o que a coleta para as obras missionárias sugeria: um continente escuro que precisava desesperadamente de luz. A luz da cristandade, da civilização, do desenvolvimento. A luz da caridade movida pela simples generosidade. Era uma ideia de África repleta de pressuposições sobre uma intimidade complexa aliadas à percepção de um estranhamento sem mediadores. O enigma de "ancestrais" paternalistas-coloniais que isolavam a população local, o fato de os falantes nativos serem privados de seu lar e o exílio dos povos nativos dentro de seu próprio lar emprestavam a essas narrativas um brilho surrealista, convencendo os autores a projetarem uma África metafisicamente vazia, pronta para ser inventada.

Com uma ou duas exceções, a África literária era um parque de diversões inexaurível para turistas e estrangeiros. Nas obras de Joseph Conrad, Isak Dinesen, Saul Bellow e Ernest Hemingway, estivessem eles imbuídos de visões ocidentais convencionais de uma África não civilizada ou lutando contra elas, seus protagonistas constatavam que o segundo maior continente do mundo era tão vazio quanto um pratinho para oferendas, um recipiente à espera de qualquer cobre e prata que aprouvesse à imaginação depositar ali. Como trigo para os moinhos do Ocidente, convenientemente muda, indiscutivelmente estrangeira, a África podia ser levada a sustentar uma ampla gama de exigências literárias e/ou ideológicas. Ela podia recuar para se transformar no cenário de qualquer façanha, ou então saltar para o primeiro plano e se envolver nas agruras de qualquer estrangeiro; podia se contorcer para adotar formas assustadoras e malévolas nas quais os ocidentais conseguiam vislumbrar o mal, ou podia se ajoelhar e aceitar lições elementares de seus superiores. Para aqueles que empreenderam essa viagem literal ou imaginária, o contato com a África proporcionava oportunidades empolgantes de viver a vida em seu estado primitivo, formativo, rudimentar, cuja consequência era o autoesclarecimento, uma sabedoria que vinha confirmar as vantagens da dominação europeia sem a responsabilidade de coletar grande coisa em matéria de informações reais sobre qualquer cultura africana. Apenas um pouco de geografia, muita meteorologia, alguns costumes e anedotas bastavam para formar a tela sobre a qual podia ser pintado o retrato de um eu mais sábio, ou mais triste, ou plenamente realizado. Nos romances ocidentais publicados ao longo dos anos 1950, a África poderia ser chamada de "A Estrangeira", como o romance de Albert

Camus, já que oferecia uma oportunidade de conhecimento mas mantinha seu caráter insondável intacto. Em *Coração das trevas*, de Conrad, Marlowe fala sobre a África como um outrora extenso "espaço em branco [num mapa] — uma extensão vazia que os meninos podiam ocupar com sonhos de glória" que desde então foi preenchida por "rios, lagos e nomes. Deixara de ser um espaço em branco dominado por um mistério fascinante [...]. Transformara-se num lugar escuro, tomado pelas trevas". O pouco que se podia descobrir era enigmático, repugnante ou irremediavelmente contraditório. A África imaginária era uma cornucópia de imponderáveis, tão impossível de ser explicada quanto o monstruoso Grendel de *Beowulf*. Assim, é possível coletar na literatura uma superabundância de metáforas incompatíveis. Como berço original da raça humana, a África é antiga, e, no entanto, por estar sob controle colonial, é também infantil. Uma espécie de feto sempre à espera do parto, mas que deixa perplexas todas as parteiras. Em sucessivos romances, em sucessivos contos, a África é ao mesmo tempo inocente e corrupta, selvagem e pura, irracional e sábia.

Nesse contexto literário racialmente carregado, deparar-me com *The Radiance of the King* [O brilho do rei], de Camara Laye, foi um choque. De repente, o clichê da viagem para dentro das trevas idealizadas da África, quer para levar-lhe a luz, quer para encontrá-la, é reimaginado. O romance não apenas cria um vocabulário imagístico sofisticado e intrinsecamente africano com o qual iniciar uma negociação discursiva com o Ocidente, ele também explora as imagens de caos e infantilismo que o conquistador impõe à população nativa: a desordem social retratada em *Mister Johnson*, de Joyce Cary; a obsessão pelos cheiros de *The Flame Trees of Thika* [As árvores de fogo de Thika], de Elspeth Huxley; a fixação europeia com o significado da nudez nos romances de H. Rider Haggard, ou na ficção de Joseph Conrad, ou em praticamente todos os escritos de viagem ocidentais. Um corpo desnudo ou sumariamente vestido só podia significar inocência infantil ou erotismo desregrado, nunca o voyeurismo do observador.

Em resumo, a narrativa de Camara Laye é a seguinte: Clarence, um europeu, chegou à África por motivos que não consegue explicar. Lá jogou, perdeu e endividou-se muito com seus compatriotas brancos. Agora está escondido em meio à população nativa numa hospedaria suja. Já expulso do hotel dos colonizadores, e prestes a ser expulso pelo dono africano da hospedaria, Clarence descobre que a solução para sua pobreza é usar o fato de ser branco e europeu para, sem qualquer questionamento ou habilidade específica, trabalhar para o rei. É impedido por uma sólida multidão de aldeões de se aproximar do soberano, e sua missão é tratada com desprezo. Ele encontra uma dupla de adolescentes que adora pregar peças e um mendigo astuto que concordam em ajudá-lo. Sob orientação deles, Clarence viaja para o sul, onde se espera que o rei faça sua aparição seguinte. Por meio da viagem de Clarence, não muito diferente da jornada de um peregrino, Camara Laye consegue identificar e parodiar as sensibilidades paralelas de Europa e África.

As alegorias da África por ele empregadas são réplicas exatas das percepções relacionadas ao estrangeiro: (1) ameaça, (2) devassidão e (3) incompreensibilidade. E é fascinante observar como Camara Laye manipula com habilidade essas percepções.

Ameaça. Clarence, seu protagonista, está aterrorizado. Apesar de observar que as "florestas [são] dedicadas à fabricação do vinho", que a paisagem é "cultivada", que as pessoas que vivem ali lhe dedicam uma "recepção cordial", tudo o que ele vê é inacessibilidade, "hostilidade generalizada", uma vertigem de túneis e caminhos interrompidos por sebes de espinhos. A ordem e a clareza da paisagem contradizem a selva ameaçadora dentro da sua mente.

Devassidão. É Clarence quem afunda na devassidão ao vivenciar todo o horror do que os ocidentais imaginam ser "se tornar nativo", a "fraqueza impura e persistente" que ameaça a masculinidade. O prazer explícito e a submissão feminina de Clarence à coabitação contínua refletem seus próprios apetites e sua própria ignorância voluntária. Com o tempo, à medida que crianças "mulatas" vão se multiplicando pela aldeia, Clarence, a única pessoa branca da região, continua se perguntando de onde elas surgiram. Ele se recusa a acreditar no óbvio: que foi vendido como reprodutor para o harém.

Incompreensibilidade. A África de Camara Laye não é escura, ela é plena de luz: a luz verde aguada da floresta, os matizes vermelhos de rubi das casas e do solo, o "brilho azul [...] insuportável" do céu, até mesmo as balanças das vendedoras de peixe que cintilam "como vestes feitas de um débil luar". Compreender os motivos e as sensibilidades dos africanos, tanto os maus quanto os bons, demanda apenas uma suspensão da crença numa diferença intransponível entre os humanos.

Ao transformar os conceitos capengas do estrangeiro que usurpa o lar, da deslegitimação do nativo, da inversão das reivindicações de pertencimento, o romance nos permite vivenciar um homem branco imigrando para a África sozinho, sem emprego, sem autoridade, sem recursos, sem nem mesmo um sobrenome. Mas ele tem uma vantagem que sempre funciona, e só pode funcionar, nos países de Terceiro Mundo. É branco, diz ele, e, portanto, qualificado de algum modo inefável para ser conselheiro de um rei que nunca viu, num país que não conhece, em meio a pessoas que não compreende nem deseja compreender. O que começa como uma busca por um cargo de autoridade para fugir do desprezo dos próprios conterrâneos, torna-se um intenso processo de reeducação. O que conta como inteligência entre esses africanos não é o preconceito, mas sim a nuance, e a capacidade e a vontade de ver, de deduzir. A recusa do europeu em meditar de forma coerente sobre qualquer acontecimento exceto os que dizem respeito ao seu conforto ou à sua sobrevivência sela o seu destino. Quando a compreensão finalmente chega, Clarence se sente aniquilado por ela. Essa investigação fictícia das percepções limitadas de uma cultura nos permite ver a desracialização da experiência que um europeu tem da África

141

sem apoio, proteção ou autoridade europeus. Ela nos permite redescobrir ou imaginar do zero qual a sensação de ser marginal, ignorado, supérfluo, estrangeiro; de jamais ter seu nome dito; de ser privado de história e de representação; de ser vendido ou explorado como mão de obra para o benefício de uma família importante, de um empreendedor astuto, de um regime local. Em outras palavras, de se tornar um escravizado negro.

Trata-se de um encontro perturbador que pode nos ajudar a lidar com as pressões e forças desestabilizantes do comércio transglobal de povos. Pressões que podem fazer com que nos agarremos desesperadamente às nossas culturas e línguas ao mesmo tempo em que descartamos as dos outros; que podem nos fazer classificar o mal segundo a moda do dia; que podem nos fazer legislar, expulsar, conformar, expurgar e jurar lealdade a fantasmas e fantasias. Acima de tudo, essas pressões podem nos fazer negar o estrangeiro que existe em nós e resistir até a morte ao caráter comum da humanidade.

Após muitos infortúnios, o europeu de Camara Laye finalmente vê a luz. Clarence realiza seu desejo de conhecer o rei. A essa altura, porém, ele e seu objetivo já mudaram. Contrariando o conselho do povo local, Clarence engatinha nu até o trono, e nessa hora finalmente avista o rei, que é um simples menino coberto de ouro. O "aterrorizante vazio que está dentro [dele]", o vazio que o vinha protegendo da revelação, se abre para receber o olhar do rei. É essa abertura, esse desmoronamento da armadura cultural sustentada pelo medo, esse ato de coragem sem precedentes, que marca o início da salvação de Clarence. Sua alegria e sua liberdade. O menino-rei o toma nos braços e, envolto nesse abraço, sentindo bater o jovem coração do rei, Clarence o ouve murmurar estas magníficas palavras de genuíno pertencimento, palavras que lhe dão as boas-vindas à raça humana: "Você não sabia que eu estava à sua espera?".

Agradecimentos

Fiquei muito contente ao ser convidada para proferir as palestras Norton de 2016 na Universidade Harvard. Obrigada ao comitê da Norton: Homi Bhabha, Haden Guest, Sylvanie Guyot, Robb Moss, Richard Peña, Eric Rentschler, Diana Sorensen, David Wang e Nicholas Watson.

Além disso, minha sincera gratidão àqueles que apresentaram essas palestras: Homi Bhabha, Davíd Carrasco, Claire Messud, Henry Louis Gates Jr., Evelynn M. Hammonds e Diana Sorensen.

Gostaria também de agradecer ao trabalho da equipe do Centro de Humanidades

Mahindra, e especialmente a John Kulka, da Harvard University Press, por sua cuidadosa orientação. Por fim, obrigada à minha assistente, René Boatman, por seu apoio editorial e de pesquisa.

Sobre a autora

Toni Morrison nasceu em 1931, em Ohio, nos Estados Unidos. Formada em letras pela Universidade Howard, estreou como romancista em 1970, com *O olho mais azul*. Em 1975, foi indicada para o National Book Award com *Sula* (1973), e dois anos depois venceu o National Book Critics Circle com *Song of Solomon* (1975). *Amada* (1987) lhe valeu o prêmio Pulitzer. Foi a primeira escritora negra a receber o prêmio Nobel de literatura, em 1993. Aposentou-se em 2006 como professora de humanidades na Universidade de Princeton. Faleceu em 2019.

1ª EDIÇÃO [2019] 2 reimpressões

ESTA OBRA FOI COMPOSTA PELA SPRESS EM TRUMP E IMPRESSA EM OFSETE
PELA GEOGRÁFICA SOBRE PAPEL PÓLEN BOLD DA SUZANO S.A.
PARA A EDITORA SCHWARCZ EM JUNHO DE 2023

A marca FSC® é a garantia de que a madeira utilizada na fabricação do papel deste livro provém de florestas que foram gerenciadas de maneira ambientalmente correta, socialmente justa e economicamente viável, além de outras fontes de origem controlada.